닥터 본즈 우은진의

뼈

때리는
한국사

닥터 본즈 우은진의

뼈 때리는 한국사

뿌리와
이파리

일러두기

1. 이 책의 본문에 실린 메디컬 일러스트는 MEDART에서 그렸으며, 사진의 출처는 본문 말미의 '도판 출처'에서 밝혔다. 출처를 밝히지 않은 사진의 경우, 퍼블릭도메인이거나 저자가 소장한 것들이다.

2. 뼈대 이름을 비롯한 해부학 용어는 학술적 용어를 위주로 하였으나, 일부 용어에 한해 비전문가가 이해할 수 있도록 일상에서 사용되는 용어를 사용하기도 하였다. 본문에서 사용된 학술용어는 대한해부학회에서 발행한 『해부학용어』(2014, 아카데미아)를 참고하였다.

3. 인명, 작품명, 지명 등은 국립국어원의 외래어 표기법을 따랐지만, 관례로 굳어진 경우는 예외를 두었다.

4. 총서, 단행본, 정기간행물 등에는 겹낫표(『 』), 논문 등에는 홑낫표(「 」), 그림, 영화, 드라마 등에는 홑화살괄호(〈 〉)를 사용했다.

차례 ————

프롤로그 | 뼛속 이야기를 하기에 앞서 9

제1부 | '응답하라, 삼국시대!'

제1장 주인을 위해 목숨 바친 소녀 15
　　　창녕군 송현동 고분군 15호분의 송현이

제2장 머리뼈를 성형한 사람들 25
　　　김해 예안리 유적의 편두

제3장 우물 속에 빠진 아이 33
　　　경주의 동궁과 월지 일대 유적에서 발견된 사람뼈

제4장 항아리무덤 속 가족 41
　　　군산 당북리 유적의 옹관묘

제5장 치아에 기록된 역사 53
　　　사람뼈 집단의 충치 유병률

제2부 | 내 발밑의 공동묘지

제6장 학교 아래에는 정말 공동묘지가 있었다　65
　　　서울 은평구 진관동의 조선시대 분묘 유적

제7장 사대부의 무덤과 평민의 무덤　75
　　　조선시대의 회묘와 토광묘

제8장 사라진 아이들　84
　　　김해 유하리 패총 유적의 아이

제9장 뼈로 복원하는 집단의 평균 키　93
　　　사람 키를 추정하려면 따져야 할 게 많다

제10장 뼈에 새겨진 자서전　102
　　　하남시 감일동 유적의 조선시대 양반 부부

제3부 | 뼈에 사무친 아픔의 흔적

제11장 보릿고개의 흔적　119
　　　치아에 새겨진 영원한 낙인, 에나멜형성부전증

제12장 조선시대의 교통사고　129
　　　골절의 흔적

제13장 비타민 C가 부족해 죽어간 사람들　140
　　　유소년 집단의 뼈대로 검토된 괴혈병의 빈도

제14장 지하철역에서 쏟아진 사람뼈　150
　　　　동래읍성 해자 유적의 사람들
제15장 구한말의 에이즈, 매독과 공창　158
　　　　서울 진관동 유적의 매독 사례

제4부 | 진화하는 뼈, 진화하는 연구

제16장 신석기 사람들의 사각턱　173
　　　　부산 가덕도 장항 유적의 사람뼈 집단
제17장 화장된 뼈에서 밝혀낸 것들　183
　　　　청주 오송 유적의 고려시대 화장묘
제18장 해부가 끝나고 난 뒤　193
　　　　뼈를 찾는 사람들
제19장 부검 시신을 이용한 연구　202
　　　　사후 CT 촬영과 인공지능
제20장 역사는 융합이다　210
　　　　뼈에 새겨진 기록

후기 | 뼈의 이야기를 마치면서　219
참고문헌　223
도판 출처　236

뼛속 이야기를 하기에 앞서

흔히 큰 변화나 고통 또는 노력을 강조할 때 '뼈를 깎는' 혁신이니 고통이니 하는 표현을 쓴다. 혁신도 고통과 노력도 뼈를 깎아야 한다니, 뼈를 깎아보기라도 했단 말인가? 사실 뼈를 깎는 고통의 실체를 아는 건 불가능하다. 이 말을 쓰는 사람도 듣는 사람도 고통의 실체는 모르지만, 그 고통이 어떤 것과도 견줄 수 없을 만큼 큰 고통이리라 짐작할 수 있을 뿐이다. 또 분하고 한스럽거나 두고두고 잊을 수 없는 일을 강조할 때도 '뼈에 사무친다'고 말한다. 그리운 마음이 '살에 사무친다'고 하면 아무 감흥이 없지만 '뼈에 사무친다'고 하면 참 절절하게 그립구나 싶다. 결코 잊어서는 안 될 어두운 역사를 두고도 '뼈아픈 역사'라고 하지 않나.

자주 쓰이는 말로 '뼈때리는 소리'도 있다. 상대방의 감정은 생각지 않고 지나치게 바른 말을 할 때, 듣는 사람의 입장에서 뼈를 맞은 것처럼 아프다는 의미로 '뼈때리는 소리' 한다고 한다. 같은 맥락에서 '뼈때리는 조언', '뼈때리는 질문'과 같은 표현 역시 정곡을 찌른다는 의미로 사용된다. 이렇게 보면 예나 지금이나 우리가 뼈를 참 한결같이 생각해온 것도 같다. 뼈는 모

아니면 도, 즉 어중간한 것과는 거리가 멀다.

뼈는 우리 몸의 일부지만 살아서는 육안으로 볼 수 없고, 단단해서 휘진 않지만 최악의 경우 부러진다. 이렇듯 뼈에 있어서 중간은 없다. 또 뼈는 극단적으로 오래 남는다. 죽어서도 오래도록 남을 수 있는 우리 몸의 유일한 조직이다. 석기시대 사람의 뼈도 삼국시대 사람의 뼈도 지금까지 남아 있을 수 있다. 묘비도 사라지고 봉분의 흔적도 없지만 뼈는 그 자리에 남아 어떤 이의 육신이 있었음을 알려준다.

그뿐이랴. 이름 모를 누군가의 뼈는 아주 특별한 이야기를 담고 있다. 뼈가 이야기를 담고 있다니 이건 또 무슨 소린가 할지 모르겠다. '뼈' 하면 생기가 사라진 앙상한 모습이 떠오르고 바짝 마른 뼈는 죽음과 동일시되어 공포의 소재가 되어왔으니 너무나 당연하다. 뼈와 아름다움은 어울리지 않지만 뼈와 기괴함, 으스스함은 찰떡이다. 그러니 뼈 안에 생동감 넘치는 이야기가 있을 거라곤 생각하기 어렵다.

그러나 우리 몸속 가장 깊숙한 곳에서 뼈는 우리 삶을 차곡차곡 착실하게 기록하고 있다. 뼈는 금수저의 삶도 흙수저의 삶도 차별하지 않고 아주 공평하게 우리의 삶을 기록한다. 그래서 누군가의 뼈를 보면 그가 어떻게 살아왔는지, 어떤 사람이었는지 짐작할 수 있다. 어떤 문헌에도 남아 있지 않은 생생한 삶의 기록이 뼈에는 담겨 있다.

이처럼 뼈에 새겨진 삶의 기록을 먼 과거로까지 확장하면 그 시대 보통의 사람들이 어떻게 살았는지를 알 수 있다. 신석기시대 이 땅에 살았던 사람들이 얼마나 잘 먹고 건강하게 잘 살았는지 사료나 유물로는 알기 어렵지만, 뼈에는 그들의 삶을 유추할 만한 단서들이 곳곳에 남아 있다. 삼국시대 사람들이 충치를 얼마나 앓았는지 문헌으로는 알 수 없으나 치아에는 그 정보가 남아 있다. 또 조선시대 사람들의 평균 수명이나 평균 키를 복원할 수 있는 정보도 뼈에는 남아 있다. '응답하라 기원전 오천 년! 응답하라 조선시대!' 이야기가 이처럼 뼈로는 가능하다.

역사와 뼈는 어울리지 않는다고 생각할 수도 있겠다. 하지만 오늘날 역사는 다양한 기록의 통찰을 통해 융합학문으로 거듭나고 있다. 옛사람의 뼈에 남겨진 기록으로도 과거의 역사를 재평가하거나 복원해낼 수 있는 것이다. 그 이야기는 어느 역사가도 기록하지 못한 역사다. 그리고 뼈는 거짓말을 하지 않으니 뼈에 새겨진 역사는 그 자체로 실증적이고, 특별하다. 그때 이곳에 살았던 사람들의 삶이 궁금하다면 지금부터 뼈를 보자. 너무나 다행히도 그들의 뼈가 아직 남아 우리에게 이야기를 하고 있다.

2023년 10월
우은진

01
'응답하라, 삼국시대!'

제1장 주인을 위해 목숨 바친 소녀

____ 창녕군 송현동 고분군 15호분의 송현이

오랜 세월 땅속에 묻혀 있던 뼈를 꺼낸다. 그 뼈가 담고 있는 이야기를 듣기 위해서는 먼저 뼈들을 원래대로 돌려놓는 작업을 해야 한다. 뼈에 달라붙어 있던 흙과 묵은 먼지를 털어내고, 귓속을 막고 있던 흙도 파고, 이를 닦아내는 일들은 장의사가 하는 일과 별반 다를 게 없다. 또 깨져 조각난 뼈들을 맞추고 붙여서 원래대로 돌려놓고 나면 드디어 특별한 주인공을 만날 수 있게 된다.

2007년 12월 창녕군 송현동의 가야고분에서 발굴된 뼈도 이런 과정을 거쳐 특별한 주인공이 되었다. 무려 1500년의 시간을 지나서. 송현동 15호분은 6세기 초, 그러니까 삼국시대 가야 땅에 만들어진 무덤이다. 창녕군의 중심부에 위치한 송현동과 바로 옆 교동 지역에는 삼국시대에 만들어진 무덤 수십 기가 있다고 알려졌는데, 이 무덤들을 일제 강점기 일본인 학자들이 처음 찾아낸 후 도굴하듯 발굴하였고, 이후 100여 년 동안 도굴도 있었고 발굴조사도 있었다. 그중 송현동 일대 일부 무덤에 대한 조사가 2004년부터 2008년까지 이루어졌다. 이때 송현동 고분군에서 가장 큰 무덤인 15호분도 발굴조사에 포함되었다.

발굴 당시 15호분의 중요 유물은 도굴로 모두 사라졌으나 다행스럽게도 유물 사이로 여러 명의 뼈가 확인되었다. 발굴 현장에서 여러 명의 뼈가 나오면 뼈를 수습하기에 앞서 생각이 많아진다. 한 무덤에 한 명이 묻혀 있으면 이야기가 간단하지만, 여러 명이면 왜 이 사람들이 여기에 함께 매장되었는지를 알아내기 위해 현장에서 최대한 많은 단서와 정보들을 수집해야만 한다. 이때 무덤 안에 뼈가 어떻게 놓여 있는지가 가장 중요한데 15호분은 도굴로 이미 몇몇 뼈들의 위치가 제자리에서 이동한 상태였다.

교란이 심하거나 남아 있는 뼈의 상태가 좋지 않아서 어떤 뼈가 어떻게 위치하고 있는지를 알기 어려운 경우에는 원래의 이야기를 복원하는 것이 불가능할 수도 있다. 하지만 다행히도 송현동 15호분은 그 정도까지는 아니었다. 무덤 속에는 머리를 남쪽으로 둔 사람 한 명과 그 사람의 발치 쪽에서 머리를 동쪽으로 두고 있는 사람 네 명이 매장된 것으로 파악되었다. 최소한 몇 명이 묻혔는지에 대한 질문은 분명하게 해결되었다. 그렇다면 왜 이 많은 사람이 함께 묻혔으며 다섯 명 중 한 명은 또 무슨 이유로 머리 방향을 다르게 두었을까 하는 의문이 남는다.

이 의문에 대한 답을 찾기 위해서는 뼈가 놓인 위치로 시신을 어떤 자세로 매장했는지 살펴보는 작업과 동시에 각각의 사람이 놓인 공간의 특성, 그 주변에 함께 부장된 유물들을 함께 살펴야 한다. 머리 방향을 한 사람만 다르게 둔 까닭은 그 한 사람을 나머지 사람과 구별하기 위해서였을 것이다. 대개 무덤 안에 여러 명이 묻혀 있는 경우에는 그중 어느 한 명이 무덤의 주인공이다. 송현동 15호분에서 혼자만 남쪽으로 머리를 두고 있는 그 한 사람이 바로 무덤의 주인공, 즉 주피장자인 것으로 파악되었다.

주인공의 발치 쪽에 묻힌 나머지 네 사람은 주인공이 사망하면서 함께 매장하기 위해 살해당한 순장자로 밝혀졌다. 순장은 고대에 왕이나 귀족을 비롯한 고위층이 사망하면 그 수하에 있던 사람을 죽여 함께 매장하는 관습이다. 부여에서는 사람을 죽여서 순장을 하는데 많을 때는 그 수가 100명가량이었고, 신라에서는 왕이 죽으면 남녀 각각 다섯 명씩을 순장하였다는 기록이 『삼국지·위서·동이전』에 전해진다.

주인은 살아서 함께했던 사람을 죽어서도 데려가 자신을 보살펴주며 저승의 삶까지 함께하자고 한다. 사장님이 갑자기 사망했다고 나도 따라 죽어야 한다면 얼마나 억울할까? 하지만 당시에는 사후에도 삶이 계속될 것이라는 믿음 때문에, 필요한 사람의 명단을 주인이 미리 뽑아 데스노트에 적어두고 이승에서 자신을 위해 봉사했듯이 저승에서도 자신의 수하들이 그리 살아주기를 바랐다.

순장은 송현동 15호분 외에 삼국시대의 다른 유적에서도 확인된다. 특히 신라와 가야의 땅이었던 영남 지역에 집중적으로 나타나는데, 경북 고령에 있는 지산동 44호분의 경우 주피장자 한 사람을 위해 마흔 명이 넘는 사람들이 함께 묻힌 것으로 확인되었다. 이렇게 많은 사람의 목숨을 결정할 수 있는 사람이니 무덤의 주인공은 당연히 지역의 왕이나 수장급 정도는 되었을 것이다. 주피장자의 신분이 높다는 것은 뼈와 함께 출토된 금동관으로도 충분히 입증된다. 아무나 금동관을 쓰고 죽지는 않았을 테니까 말이다.

송현동 15호분에 묻힌 네 명의 순장자는 남녀 각각 두 사람으로 확인되었다. 주인공 발치에서 가장 먼 북쪽 벽에서부터 여자, 남자, 여자, 남자 순으로 네 사람이 묻혔다. 무덤 봉우리의 층위가 교란되지 않은 것으로 확인되므로 관 위를 덮고 있던 흙은 단 한번에 쌓아올려졌으리라. 이말은 무덤 속의 사람들이 모두 동시에 묻혔다는 뜻이다.

뼈가 놓인 위치로 보면 순장자들은 매장 당시 온몸을 쭉 펴고 가지런히 묻혔다. 죽음에 저항했던 흔적이나 상해의 흔적이 보이지 않으므로 매장 전에 조용히 살해되어 파묻힌 것으로 보인다. 실험실에서 연구를 위해 키우는 쥐를 희생시킬 때도 최대한 쥐에게 공포심과 고통을 주지 않고 한 방에 죽이는 방법을 사용한다. 그러니 이 순장이라는 희생제의가 이루어질 때도 분명 그런 방법을 고민했을 것이다. 그런 측면에서 질식사나 독살이 이루어졌을 가능성이 충분히 있다.

네 사람 가운데 가장 북벽 쪽에 놓인 사람이 머리부터 발끝까지 뼈가 가장 잘 남아 있어서 이 한 사람의 뼈가 분석되었다. 분석이 이루어진 뼈대의 주인공은 여성으로 추정되었는데 고분의 이름을 따라 '송현이'라는 별칭이 붙었다. 성별은 골반을 구성하는 세 개의 뼈 즉 두덩뼈, 엉덩뼈, 궁둥뼈의 형태로 추정하는 것이 가장 정확도가 높다. 이 뼈들이 없으면 머리뼈의 형태를 보게 되는데, 골반 부위의 뼈 없이 머리뼈만 잘 남아 있어도 비교적 정확하게 성별을 추정할 수 있다.

한편 성인 이전의 뼈에서는 성장 정도를 통해 나이를 추정하고, 다 자란 이후에는 늙어가면서 뼈대에 나타나는 퇴행성 변화를 통해 나이를 추정한다. 이 여성은 사지뼈 뼈끝에 위치한 성장판이 완전히 닫히지 않은 것으로 보아 성인이 되기 전에 사망하였다. 사지뼈는 성장이 이루어

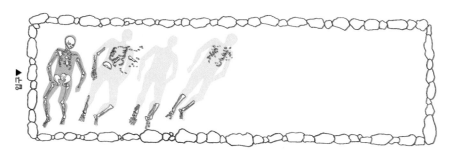

1-1. 무덤방 내 순장자들의 위치. 무덤방은 긴 직사각형 모양이며 그림 오른쪽의 관시설과 유물이 도굴되면서 무덤 주인의 시신은 확인이 불가능하게 되었다. 남아 있는 사람뼈는 모두 순장자의 것으로 왼쪽에서부터 여자-남자-여자-남자의 순이고, 가장 왼쪽에 위치하여 도굴의 피해가 덜해 비교적 온전히 남아 있는 사람이 바로 '송현이'다.

지는 동안에는 길이가 계속 자라므로 뼈몸통을 중심으로 위아래 끝부분에 위치한 성장판이 열려 있는데, 송현이의 사지뼈가 바로 그런 상태였다. 또 사랑니라고 부르는 세 번째 어금니가 아직 아래턱 속에 있어 엑스레이를 통해 치아머리와 뿌리가 얼마나 성장하였는지를 분석한 결과, 10대 후반 정도의 상태로 확인되었다. 최종적으로 이 소녀의 나이는 16~17세 정도로 파악되었다.

밝고도 명랑한 청춘, 낭랑 18세에 다다른 소녀가 죽임을 당했으니 안타깝기 그지없다. 지금으로 치자면 중2병이 갓 지나간 나이인지라 더욱 애처롭게 느껴진다. 성장판이 닫히지 않은 위팔뼈와 정강뼈 머리의 쪼글쪼글 주름진 단면을 보면, 무한한 가능성을 가진 한 사람의 우주가 미처 다 열리지도 못하고 그대로 쪼그라든 것 같다. 하지만 당시 사람들의 나이가 지금 우리 시대의 나이와 같은 의미를 갖지는 않으니 애처로운 마음을 살짝은 접어두어도 좋을 듯하다.

경산 임당 지역의 삼국시대 고분군에서 출토된 사람뼈 집단의 사망

연령을 토대로 당시 사람들의 평균 사망연령을 분석한 연구에 따르면, 평균 수명이 서른을 가까스로 넘기는 정도였다(정상수, 최봉인, 2015). 물론 이 결과는 당시 영유아 사망률이 매우 높아서이기도 하다. 그러나 조선시대의 경우도 서른이 넘으면 중년으로 봤으니 소녀의 나이가 이른 나이라고는 하지만 당시의 생애사적 관점에서 지금 시대의 소녀와는 분명 다른 의미의 나이를 살아가고 있었으리라 짐작된다.

송현이의 키는 허벅지 넙다리뼈의 최대길이로 추정되었다. 대개 사지뼈의 뼈끝이 멀쩡히 잘 남아 있으면 대략적인 키를 알 수 있다. 즉 키와 상관관계가 높은 뼈대를 이용해서 수학적인 공식을 만들어 특정 뼈대의 최대길이를 그 방정식에 대입하면 키 추정치를 얻을 수 있다. 우리나라 사람의 키는 대개 한국전쟁 때 사망한 아시아인 집단의 뼈대를 이용해 만들어진 공식으로 주로 추정되는데, 송현동 15호분 소녀의 키도 이 공식을 이용하여 약 155센티미터로 추정되었다(국립가야문화재연구소, 2012).

하지만 이 공식은 한국전에 참전했던 남성 전사자 집단을 대상으로 만들어졌기 때문에 이 공식을 사용해 여성의 키를 추정할 경우 추정치에 상당한 오차가 발생할 수 있다. 이런 경우 무리하게 키를 추정하기보다는 넙다리뼈 최대길이를 조선시대 사람의 평균과 비교하여 대략적인 키를 추정해보는 것이 더 나을 수 있다. 또 삼국시대에 살았던 사람들의 평균 키는 분명 현대인들의 평균 키보다 작았을 것이므로 현대인들을 대상으로 만들어진 공식으로 삼국시대 집단의 키를 추정하는 것도 무리가 있을 수밖에 없다. 예로 조선시대 분묘 유적에서 출토된 사람뼈 집단을 대상으로 평균 키를 추정한 연구에 따르면 남성의 평균 키는

163~4센티미터 정도다(박순영, 2011).

　또 송현이의 정강뼈와 종아리뼈 표면은 주변 근육을 과도하게 사용해서 근육이 달라붙어 있던 자리가 변형되어 있다. 이런 흔적을 전문용어로 근육부착부위 뼈대변형enthesopathies이라고 하는데, 대개 이런 변화는 나이가 들면서 퇴행성 변화와 함께 나타나기 때문에 나이든 사람의 뼈에서 흔히 발견된다. 노화 외에 관절이 삐끗하는 부상을 입거나 근육 또는 인대에 무리가 가는 행위를 일상적으로 반복할 때 혹은 격렬한 동작을 반복할 때에도 이런 흔적이 나타날 수 있다.

　송현이는 좌우 정강뼈와 종아리뼈에 동일하게 이런 흔적이 있으므로 부상보다는 생전에 무릎 주변의 근육을 무리하게 반복해서 사용했을 가능성이 높다. 꿀벅지를 만들기 위해 스쿼트를 한 번이라도 해봤다면 이 동작이 무릎관절에 얼마나 많은 긴장과 스트레스를 주는지 잘 알 것이다. 물론 우리는 하체 근육을 하도 안 쓰고 앉아만 있으니 이런 동작이라도 해서 근육을 크게 발달시킬 필요가 있지만 소녀의 경우는 다

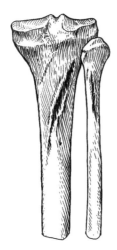

1-2. 오른쪽 정강뼈와 종아리뼈를 뒤에서 본 모습. 정강뼈(왼쪽)에 사선으로 남아 있는 흔적은 해당 부위에 붙은 근육을 과도하게 반복적으로 사용하여 생긴 뼈대 변형이다.

르다.

아직 성장이 다 끝나지도 않은 나이에 이런 흔적이 뼈에, 그것도 뚜렷하게 남아 있다는 사실은 이 소녀가 평범하지 않은 삶을 살았으리라 짐작하게 하는 대목이다. 매일 108배를 했거나 그게 아니라면 무릎을 꿇고 혹은 쪼그려 앉아서 하는 행동과 자세를 반복적으로 많이 할 수밖에 없는 삶을 살았을 것이다.

소녀는 어떤 사람이었을까? 금동관을 쓴 가야의 지배층이 죽어서도 함께 데려간 그 아이는 과연 누구였을까? 순장자는 주인의 입장에서 부장품의 한 종류처럼 하나의 물품으로 기능했다고도 평가된다. 그러나 이들이 착용했던 장신구와 같은 유물을 보면 아무리 순장자라 하더라도 미천한 신분은 아니었던 것 같다. 적어도 주인을 가까이에서 모시던 사람들 가운데 어느 정도의 지위가 있는 사람이었을 가능성이 크다. 여성이라면 노비계급인 시녀 혹은 그보다 더 높은 신분의 후궁이나 궁녀일 가능성도 생각해볼 수 있을 텐데 실제는 우리가 생각할 수 있는 것보다 훨씬 더 다양한 이야기가 있었던 것 같다.

경산 임당 고분군에서는 다섯 살이 채 되지 않은 어린아이가 주인공인 무덤이 확인되었는데, 이런 무덤에 성인 여성이 함께 순장되었으니 주인공을 돌보던 유모나 보모가 아니었을까 추정된다. 또 주인이 각기 다른 무덤에 남매가 각각 순장된 경우도 있었다. 이뿐 아니라 부부와 어린 딸까지 일가족이 주인과 함께 묻힌 사례도 있다. 이 정도 되면 그들이 누구였는지, 무덤 주인과는 어떤 관계를 맺은 사람들이었는지 오늘날의 상상으로는 해석이 불가능할지도 모를 일이다.

그들이 누구였는지는 몰라도, 송현이가 어떻게 생겼는지는 짐작할 수 있게 됐다. 소녀의 얼굴이 오늘날 법의인류학적 얼굴복원 방법을 통해 복원되어 우리의 눈으로 확인할 수 있게 되었기 때문이다. 주로 범죄를 수사하는 과정에서 백골 시신의 신원을 확인하기 위한 방법으로 사용되는 얼굴복원 방법이 오늘날에는 고고학적 인물의 생전 얼굴을 되살려내는 데에도 이용되고 있다.

연구자가 아닌 일반인들에게는 뼈만 보는 것이 아무 감흥이 없을지도 모르겠다. 그러나 뼈에 근육층과 피부를 입힌 뒤 눈썹 모양과 머리 스타일을 정하고 눈동자까지 완성한 모습이라면 어느 방향으로든 마음이 움직인다. 송현이의 얼굴은 뼈대 위에 또래의 현대인 평균 근육과 피부 두께층을 입혀 복원되었다. 그러니 사실 조금 더 가녀린 얼굴일지도, 아니면 조금 더 복슬복슬한 인상일지도 모른다.

또 얼굴을 구성하는 모든 형태소의 특성이 평균의 정보로 복원될 수도 없다. 예를 들면 인상을 판가름짓는 데에 큰 역할을 하는 눈썹이나 코끝의 모양, 입꼬리의 모양은 평균의 정보로 복원하는 것이 현재까지는 불가능하다. 그러니 어느 정도는 복원하는 사람의 취향이 반영될 수밖에 없다.

송현동 15호분 순장 소녀에 대한 연구는 당시 국내에서 시도 가능한 모든 분석이 총망라되어 진행되었고, 이를 위해 다양한 분야의 장비와 기법이 총동원되었다. 먼저 방사성탄소연대측정법으로 송현이가 약 420년에서 560년 사이에 살았던 인물이라는 사실을 과학적으로 확인했다. 또 생전 모습을 복원하기 위해 컴퓨터단층촬영computed tomography을 진행했고 촬영을 통해 확보한 3차원상의 이미지 파일을 토대로 얼굴과 신체의 모델링 및 복원작업이 이루어졌다.

무덤 속에서 송현이와 함께 잠들어 있던 순장자들의 관계는 유전자 분석을 통해 두 명의 남성이 동일한 모계의 자손일 가능성이 있는 것으로 확인되었다. 송현이가 생전에 주로 어떤 음식을 먹었는지에 대해서는 뼛속 콜라겐에 남아 있는 안정동위원소의 비율을 분석하여 수수나 기장 같은 잡곡보다는 쌀과 보리를 주로 먹고 콩과 육류도 어느 정도 섭취하였음을 알 수 있었다. 이와 더불어 병리적 관점에서 뼈대를 검토한 결과, 어금니와 몇몇 치아에서 충치가 확인되었고 생전 빈혈을 앓았던 흔적도 머리뼈에서 관찰되었다.

　이처럼 1500년 전에 살았던 송현이의 삶은 해부학과 법의학, 법치의학, 유전학, 고병리학 등 다양한 현대 학문의 힘으로 다시 부활할 수 있었다. 송현이 사례처럼 국내 고고 유적에서 나온 한 사람의 뼈대를 이렇게 샅샅이 여러 분야의 연구자가 모여 분석한 사례는 일찍이 없었다. 말하자면 종합 선물세트 같은 연구사례이며 그 안에는 아쉽게 살다 간 순장 소녀의 삶을 이렇게라도 되살리고자 하는 연구자들의 마음이 담겨 있으리라. 이렇게 부활한 순장 소녀는 1500년을 지나 지금은 창녕의 마스코트가 되어 관광객을 반기고 있다. 비록 짧은 생을 살았으나 영원히 소녀의 모습으로.

제2장 머리뼈를 성형한 사람들

_____김해 예안리 유적의 편두

김해 예안리 지역의 가야 유적에서 출토된 사람들의 머리뼈 중에는 한 눈에 봐도 이상하다 싶을 만큼 이마뼈가 납작하게 눌린 머리뼈가 있다. 이마가 정수리 방향으로 올라가면서 경사를 이루고 있어 흡사 스키장의 슬로프 같기도 한데, 볼록하게 튀어나온 이마를 선호하는 요즘 기준으로 보자면 확실히 호감형과는 거리가 먼 모습이다. 이런 머리뼈를 가진 사람은 과연 어떻게 생겼을까 궁금하다면 부산대학교 박물관에 가보면 된다.

이 박물관에는 1970년대에 발굴된 김해 예안리 유적의 사람뼈가 오동나무 관에 보관되어 있는데, 그 규모가 삼국시대 유적 중에서는 이례적으로 커서 140여 명분에 달한다. 예안리 유적에서는 가야 전기부터 후기까지 즉 4세기부터 7세기까지 400여 년에 걸쳐 조성된 무덤 200여 기가 보고되었으며, 그 안에서 젖먹이 유아부터 노인까지 전 세대를 아우르는 사람의 뼈들이 확인되었다. 이처럼 이례적으로 사람뼈가 많이 남아 있을 수 있었던 이유는 무덤 위로 당시 사람들이 먹고 버린 조개껍데기가 쌓여 그 속의 알칼리 성분이 뼈가 삭지 않고 오히려 보존될 수 있게 해주었기 때문이다.

이렇게 한 유적에서 많은 사람의 뼈가 분석되면 과거의 이야기를 좀 더 탄탄하게 복원할 수 있다. 겨우 몇 사람의 이야기를 가지고 당시 사람들 전체의 이야기로 일반화하기는 어려우니 뼈는 많으면 많을수록 좋다. 그런 점에서 예안리 유적에서 나온 뼈는 일부 문헌과 유물로만 그 실체가 알려진 가야 사람들의 삶과 풍습에 조금 더 가까이 다가갈 수 있게 해주었다. 뼈로 문화적인 풍습을 이야기한다니, 쉽게 이해되지 않을 수 있다.

이 대목에서 우리는 예안리 사람의 머리뼈에 주목할 수밖에 없다. 이들의 머리뼈는 정상적인 형태에서 확실히 많이 벗어나 있다. 어느 형태든 평균에 수렴하는 모습과 양극단에 존재하는 변이가 있기 마련이지만 이들의 머리뼈 형태는 정상적인 변이의 범주를 넘어선다. 당연하게도 이런 형태는 자연스러운 결과가 아니다. 저절로 이런 형태가 된 것이 아니라 인위적으로 이런 머리뼈가 만들어졌다는 뜻이다.

뼈가 만들어지다니 이게 무슨 해괴한 소린가 할지 모르겠다. 하지만 뼈의 형태는 사람들의 신념이나 가치관, 의지에 의해서도 일부 변형될 수 있다. 단 머리뼈가 변형될 수 있는 시기는 출생 직후부터 만 두 돌 무렵으로 제한된다. 그러니 스스로 머리뼈의 형태를 변형시킬 수는 없고 누군가의 의지와 힘이 반드시 반영되어야만 한다. 즉 둥글어야 할 머리뼈를 특정한 방향에서 압력을 가해 원을 이루는 곡선 일부를 변형시키면 예안리 사람과 같은 머리뼈가 만들어질 수 있다.

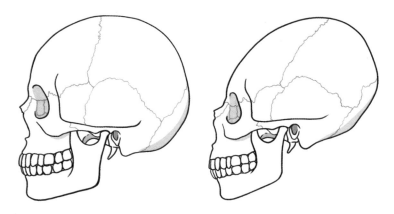

2-1. 변형이 일어나지 않은 정상의 머리뼈(왼쪽)와 편두 풍습으로 변형된 머리뼈의 형태(오른쪽). 편두 머리뼈의 경우 이마 부분이 납작해지면서 머리뼈의 전체 형태가 변형된 모습을 보인다.

이런 변형이 가능한 이유는 우리 머리뼈가 갖는 특성에서 비롯된다. 즉 우리의 머리뼈는 한 덩어리가 아닌 여러 조각으로 분리되어 있으며, 특히 신생아의 경우는 머리뼈 조각이 서로 만나는 지점에 빈틈이 있어 출산 시에 좁은 산도를 유연하게 통과할 수 있도록 머리뼈 조각이 서로 겹쳐질 수 있게 되어 있다. 이 빈틈은 뇌와 함께 뇌를 보호하는 머리뼈가 성장하면서 서서히 없어지고, 만 두 돌 무렵이 되면 거의 없어진다. 그러니까 모든 사람의 머리뼈에 이런 빈틈 여섯 개가 있었다가 성장하면서 사라지는데, 그 시기 우리 머리뼈에는 무리한 힘이 가해지지 않아 지금과 같은 머리뼈를 유지하고 있다고 생각하면 된다.

이 머리뼈 빈틈(숫구멍 혹은 천문, 영어로는 fontanelle) 여섯 개 중에 틈이 가장 크고 가장 나중에 사라지는 부위가 정수리 부분, 즉 이마뼈와 윗머리를 이루는 마루뼈가 만나는 지점이다. 관자놀이 부위와 좌우 측면,

뒤통수 부위의 틈새는 짧으면 석 달, 길어도 한 돌 반 전에는 모두 사라진다. 그러니까 두 돌이 되기 전 이마뼈에 지속적인 압력을 가하면 마치 원의 곡선이 무한대로 늘어나 선분이 되는 것처럼 쭈욱 펼쳐질 수 있다. 출생과 성장을 위해 갖춰진 머리뼈의 유연한 적응이 고대 가야인들의 독특한 풍습을 가능하게 한 셈이다.

이마뼈에 지속적인 압력이 가해지려면 옆의 2-2 일러스트에서 보듯이 누워 있는 어린아이의 이마에 넓적한 돌을 올려두어야 한다. 이러한 행위는 갓난아기에게는 생명을 위협할 수 있을 정도로 위험천만한 일이다. 이마 위의 무거운 돌이 뇌압을 상승시켜 뇌 손상이나 실명을 일으킬 수 있고, 심한 경우 사망으로 이어질 수도 있다. 또 얼굴뼈와 눈 모양의 변형이 동반되며, 머리뼈 바깥쪽을 이루는 딱딱한 치밀뼈와 그 사이의 해면뼈 조직을 모두 얇게 변형시켜 머리뼈가 쉽게 골절될 수도 있다.

이렇게 고대사회에 존재했던 머리뼈 변형 풍습을 우리는 편두 풍습이라고 배운 적이 있다. 이 풍습에 대한 기록이 『삼국지·위서·동이전』에 남아 있는데, "아이를 낳으면 머리를 모나게 만들기 위해 곧 돌로 그 머리를 눌러서 납작하게 만들고자 하였기 때문에 지금의 진한 사람이 모두 편두(兒生, 便以石厭其頭, 欲其編. 今辰韓人皆編頭)"라고 기록되어 있다. 여기에서 진한은 3세기 중엽의 진한과 변한으로, 김해 지역의 가야도 여기에 속한다. 이렇게 기록으로 전하는 이야기를 1976년에서 1980년까지 예안리 사람의 뼈를 발굴하면서 처음으로 확인할 수 있게 된 것이다.

놀랍게도 이런 풍습은 우리나라뿐 아니라 전 세계에서 보고된다. 아시아는 물론 아프리카, 북미와 남미, 유럽 등지에서도 보고되었는데 이들의 변형된 머리를 보고 있노라면 기괴할 정도다. 특히 우리나라 이외

2-2. 이마에 돌을 올려 인위적으로 머리뼈 형태를 변형하는 모습. 이마에 가해진 지속적인 압력으로 인해 주로 머리뼈 앞과 뒤가 납작해지는 변형이 나타날 수 있다.

의 지역에서 확인된 머리뼈를 보면 변형된 모습도 제각각인데 머리에 고깔을 쓰고 있는 듯한 형태, 정수리 부분만 납작한 형태, 윗머리가 좌우로 불룩한 형태 등 머리뼈 형태에 대한 선호가 생각보다 다양하게 존재했음을 알 수 있다. 다양한 변형 사례 가운데 가장 빈번하게 보고되는 유형이 바로 예안리 사람과 같은 편두이고, 이보다 정수리 위치가 높고 머리에 고깔을 쓴 것 같은 모습도 자주 확인된다.

전 세계의 머리뼈 변형 사례를 분석한 연구에 따르면, 인위적인 변형 풍습은 크게 두 가지 방법, 즉 판자형과 끈형으로 분류된다(O'Brien, Stanley, 2013). 판자형은 말 그대로 판자처럼 넓적한 돌이나 널빤지 등의 사물을 이용해 이마를 눌러 앞뒤머리가 납작해지게 하는 것이고, 끈형은 옷감처럼 부드러운 직물이나 가죽 끈을 이용해 머리 둘레를 묶어 압박을 가함으로써 머리 위쪽이 옥수수처럼 길쭉해지도록 만드는 방법이다. 이 분류에 따르면 예안리 사람들의 머리뼈는 판자형 방법에 해당되며, 예안리 이외에도 페루, 하와이, 태평양 연안의 집단이 이런 식으로 머리뼈를 변형했다고 보고되었다.

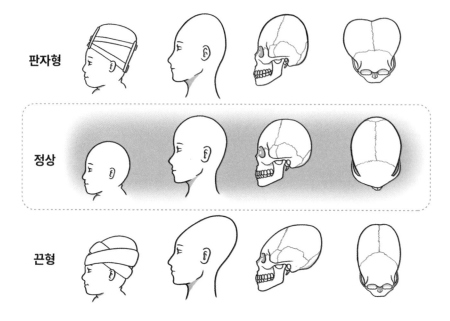

2-3. 머리뼈 형태를 인위적으로 변형시키는 두 가지 대표적인 방법(O'Brien, Stanley, 2013). 판자를 비롯한 납작한 물체를 올려두는 판자형 방법과 끈을 머리에 고정시켜 변형하는 방법.

　　판자형 방법으로 머리뼈가 변형될 경우, 머리가 앞뒤 방향으로 납작해지면서 미간에서부터 뒤통수까지의 거리가 짧아지는 대신 측면과 위쪽 방향으로 머리가 커지게 된다. 납작한 물체를 이용해 이마에만 압력을 가했는데도 이런 식으로 머리뼈 전체가 변하는 이유는 머리뼈가 모듈로 이루어져 있기 때문이다. 즉 머리뼈는 레고 장난감처럼 해체와 조립이 가능한 대신 어느 한 부분에 변화가 생기면 그 변화가 전체에 영향을 미칠 수밖에 없는 구조를 갖추고 있다.

　　예안리 집단에서는 모두 열 명의 편두 사례가 있는 것으로 발표되었다. 하지만 이 10개체가 모두 진정한 의미의 편두인지에 대해서는 재검토가 필요하다. 이유는 정상적인 범주에서 나타날 수 있는 변이가 이 안에 포함되어 있을 가능성을 다시금 확인해볼 필요가 있어서다. 반대로 비슷한 시기의 다른 유적에서 출토된 집단의 머리뼈도 다시 분석할 필요가 있다. 예안리 유적과 비슷한 시기에 해당하는 초기 철기시대와 삼국시대 유적에서 출토된 38명의 성인 머리뼈를 분석한 결과 아직까지는 우리나라에서 예안리 집단 외에 확실하게 편두라고 할 만한 사례는 없는 것으로 파악되었다(Jung, Woo, 2017).

머리뼈를 주욱 늘어놓고 보다보면 세상에 이런 사람도 있고 저런 사람도 있는 것과 마찬가지로 머리뼈의 형태도 다 똑같지 않다. 이마가 유난히 납작한 사람도 있고 뒤통수가 유난히 튀어나온 사람도 있다. 따라서 원래 그렇게 생긴 사람인지 아닌지를 잘 판단해야 한다. 이마가 유난히 납작하더라도 뒤통수가 납작하지 않고 튀어나와 있으면 편두에 의해 변형된 머리뼈라고 보기 어렵다. 이유는 누워 있는 상태에서 이마뼈가 납작하게 눌리도록 압력을 받으면 그 힘이 뒷머리뼈에도 작용하기 때문이다.

그래서 형태적 특성을 눈으로만 보고 판단하는 것은 위험하다. 그러니 편두가 아닐까 의심된다면 전체 머리뼈의 형태를 통합적으로 봐야 하고 힘이 어떻게 작용하여 변형이 이루어졌는지를 양적으로 측정하여 변형의 여부를 판단해야 한다. 또 편두가 바라던 대로 완벽하게 완성될 수도 있지만 그렇지 않고 되다 만 형태로 남을 수도 있다. 특히 성인이 되기 전에 죽은 아이의 머리뼈라면 아직 성장이 채 이루어지지 않아 더더욱 완성형이 아닌 형태로 보이기가 쉽다. 그러니 다양한 가능성을 열

어두고 편두를 찾는 노력이 필요하다.

마지막으로, 이 이상한 혹은 멋진 머리뼈는 왜 전 세계에서 보고되는 걸까? 가야인들은 왜 머리뼈를 납작하게 눌러 모난 머리로 만들고자 했을까? 지금까지 이와 관련해서는 여러 가지 가능성이 제시된 바 있다. 이 가운데 신분 과시용 혹은 집단의 정체성이나 소속감 표현용이었을 가능성이 가장 많이 언급되었다. 사선으로 길어진 머리가 주는 시각적 효과를 고려해본다면 그 어떤 가능성도 일리가 있어 보인다. 또 표현하고자 하는 것이 신분이든 집단의 정체성이든 그 안에는 결국 남과는 차별되고자 하는 마음이 반영되어 있다. 평균의 모습과 구별되는, 또는 다른 집단과 구별되는 특별한 모습으로 때로는 상대를 제압하고 타 집단을 누르려 했을 것이다.

그렇게 변형된 머리뼈의 형태는 기원전부터 사회적 표상과 결합되어 정상적인 형태의 범주를 거스르면서 인류의 관습이 되었다. 그리고 오늘날에도 우리는 편두의 풍습을 잃지 않았다. 여전히 갓난아기의 머리가 오늘날의 기준으로 예쁘게 자라도록 애쓰고 있으니 말이다.

제3장 우물 속에 빠진 아이

_____경주의 동궁과 월지 일대 유적에서 발견된 사람뼈

역사를 복원하는 데 기여할 수 있는 다양한 고고 자료 가운데 사람뼈는 주인공이기보다 늘 들러리였다. 아이러니하지 않나. 그 시대를 살았던 사람이 주인공이 되지 못하고 그 사람이 남긴 유물이 더 주목받는다는 사실이. 고고학은 주로 사람이 남긴 물질 자료에 집중해 과거를 복원해 왔으나 물질 자료만으로 과거의 삶과 생활상을 복원하는 것은 분명 한계가 있다. 내 경험에 비추어보자면 유적에서 유물은 하나도 안 나오고 사람뼈만 나오는 경우 이걸 어쩌나 하며 난감해하는 연구자들이 있다. 어쩌긴 뭘 어째, 주인공이 나왔는데. 이런 맥락에서 고고 유적에서 온전하게 사람뼈가 발굴되면 나는 유쾌하다 못해 통쾌하다.

　지금껏 사람뼈가 주인공이 된 사례는 많지 않지만 발굴과 동시에 세간의 관심을 한껏 받았던 사례로 경주의 동궁과 월지 일대에서 발견된 사람뼈를 꼽을 만하다. 동궁과 월지는 현재 경주 야경의 제1명소로 유명하지만 연식이 좀 있는 사람들에게는 안압지라는 이름의 연못으로 더

익숙하게 기억되는 곳이다. 안압지라는 이름은 신라 멸망 이후 연못의 관리가 점차 소홀해져 조선시대에 이르러 폐허가 되다시피 한 곳에 기러기(안雁)와 오리(압鴨)가 많이 날아들었다고 하여 붙여진 이름이다. 하지만 2007년 학술적인 발굴조사가 이루어지면서 '월지'라고 쓰인 유물이 확인되었고, 이를 근거로 2011년부터 안압지라는 이름 대신 '동궁과 월지'라는 이름으로 부르게 되었다.

동궁은 신라의 태자가 거처하던 궁이며, 월지는 돌을 쌓아 만든 대형 연못이다. 둘 다 신라가 통일을 이룬 직후 조성되었으며, 신라 왕경王京의 화려하고 찬란했던 문화를 대표하는 장소다. 이 일대 발굴은 1975년부터 시작되었으나 이후 2007년부터 본격적으로 발굴조사가 꾸준히 이루어졌으며, 그 결과 다수의 건물지와 도로, 담장, 배수로, 화장실, 우물 등의 다양한 시설이 확인되었다. 이 가운데 특히 2014년부터 2017년까지 이루어진 8차와 9차 발굴은 예상치도 못한 곳에서 사람뼈를 확인하는 성과를 보여주었다.

뼈가 나오리라고는 생각도 못한 그 장소는 바로 우물이다. 우물이 무덤도 아닌데 어떻게 그 속에서 사람뼈가 나올 수 있었을까? 우물이라면 지하의 물을 끌어올려 한 취락에서 공동으로 사용하는 시설이다. 사람이 사는 데에 필수적인 물을 이용할 수 있게 하는 시설인 만큼 취락 내에서 우물은 매우 중요한 시설로 관리되었을 것이다.

『삼국사기』에 기록된 자료를 토대로 약 1000년간 발생한 자연재해를 조사한 연구에 따르면, 인간의 삶에 가장 광범위하고 심각한 피해를 일으킨 것은 바로 가뭄이었다(윤순옥, 황상일, 2009). 그러니 우물의 존재는 소중할 수밖에 없다. 괜히 우물에 백일기도를 하고 우물물을 떠서 기도를 했겠나. 때로 우물의 변화를 관찰하고 미래의 길흉을 예측했다는 기록도『삼국사기』와『삼국유사』에 전해지는 이유다.

지금까지 삼국시대부터 조선시대에 이르는 여러 시기의 우물 유적이 적지 않게 확인되었다. 대개 내부에서 기와와 토기 혹은 사기 조각, 목기류, 토우 등의 유물이 출토되었는데 이러한 유물을 토대로 우물에서 보이는 제의적 현상을 분석한 연구도 있다(황보경, 2015). 우물에 제사를 지내며 무언가를 공헌貢獻하고 희생물을 넣었던 흔적이 나타나는 것이다. 우물을 처음 만들었을 때나 가뭄으로 물이 말랐을 때, 혹은 물이 오염되었을 때, 마을에 전염병이 돌 때, 우물을 더이상 사용할 수 없어 폐기할 때 등등 우물에 제사 지낼 만한 사연은 넘친다.

또 우물에서는 보존되기 어려운 유물이 잔뜩 나오기도 한다. 우물뿐 아니라 물이 고여 있는 연못이나 저수 시설과 같은 유적에서는 다른 곳에서는 보존되기 어려운 유물들이 남는 경우가 많은데, 심지어 몇천 년이 지난 나무가 썩지 않고 그대로 남아 있는 경우도 있다. 우물 아래 축축한 펄 속에서는 유기물이 잘 보존되기 때문에 사람의 뼈든 동물의 뼈든 그 형태가 잘 보존된 상태로 남아 있을 수 있다. 그러나 지금까지 우물에서 사람뼈가 나온 사례는 단 두 차례로, 바로 동궁과 월지 일대 유적의 3호 우물과 그에 앞서 2000년 국립경주박물관 내에서 발굴된 통일신라 우물이 여기에 해당된다.

먼저 동궁과 월지 일대 유적에서는 총 세 기의 우물이 확인되었는데 이중 가장 늦은 시기에 해당하는 3호 우물에서 뼈가 확인되었다. 이 우물의 깊이는 7미터 남짓이고, 내부 지름의 경우 상부는 1.2미터지만 아래로 갈수록 넓어져 약 2미터 지점에서 지름이 1.4미터까지 넓어졌다가

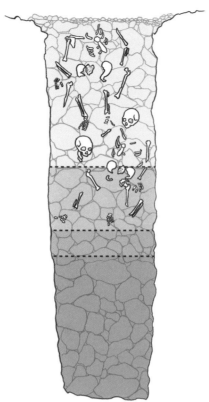

3-1. 사람뼈가 출토된 동궁과 월지 일대의 3호 우물. 가장 아래층은 통일신라시대 층위로, 그 위는 고려시대 층위로 추정되었으며, 네 명분의 사람뼈는 우물 상층부의 각기 다른 층위에서 확인되었다.

다시 아래로 가면서 좁아진다. 또 조사팀의 분석에 따르면 깊이 4.8미터를 기준으로 하부는 통일신라 말기에 해당하지만 상부는 고려 초기에 해당하는 층위를 갖는다고 보고되었다(국립경주문화재연구소, 2019).

4.8미터를 기준으로 우물 상부와 하부의 문화층이 구분되는 이유는 이 우물이 두 차례에 걸쳐 폐기되는 과정을 거쳤기 때문이다. 즉 우물에서 출토된 유물을 이용한 편년과 사람뼈·동물뼈 등을 시료로 절대연대를 측정한 결과에 따르면, 이 우물은 통일신라 말에 한 번 버려졌고 이

후 고려 초에 다시 버려졌다. 우물의 상부는 자갈과 진흙으로 메워져 있지만, 통일신라기에 해당하는 하부에는 다량의 기와와 토기 조각들이 매립돼 있는 걸로 보아 이 우물이 폐기될 때 던져넣었던 것으로 파악되었다.

또 기와와 토기 조각 더미 위로는 길게 잘 다듬은 돌 두 장을 얹어놓았는데, 이 돌 위에서 작은 사슴 한 마리의 뼈가 온전한 상태로 발굴되었다. 우물과 사슴이라. 분명 어울리지 않는 조합이지만 사실 사슴뼈 발굴은 시작에 지나지 않았다. 이 사슴의 정체를 파악하기 위해 동물뼈 연구자가 사슴뼈를 면밀히 검토한 결과 최소한 사람이 잡아먹고 버린 것은 아니라는 결론을 내렸다. 사람이 잡아먹었다면 도살 과정에서 사슴을 해체한 흔적이 남아야 하는데 그런 흔적이 전혀 확인되지 않았기 때문이다. 현재는 우물을 폐기할 때 나름의 의례를 치르면서 희생시켰던 동물이 아닐까 추정하고 있다.

두 번째 폐기 층은 첫 번째 층보다 더 놀라운 유물들을 품고 있었다. 이 층에서는 기와와 토기 조각은 기본이고 포유류, 조류, 어류의 뼈가 다량 확인되었으며, 화룡점정으로 네 명이나 되는 사람뼈까지 확인되었다. 절대연대 측정 결과 이 층이 폐기되는 과정을 겪은 시기는 고려 초에 해당하는 10세기 말에서 11세기 초로 파악되었다. 이 층에서 나온 동물뼈의 종을 분석한 결과, 포유류로는 소와 개, 사슴, 토끼 등이, 조류로 꿩과 까마귀, 어류로 복어와 고등어 등이 확인되었다. 하부 층에서 확인된 사슴과는 달리 특정 부위만 남아 있는 상태여서 잡아먹고 버린 동물뼈로 추정되었다.

동물이야 잡아먹고 버릴 수 있지만 같은 층에서 나온 사람뼈는 대체 어떻게 설명할 수 있을까? 더군다나 사람뼈가 발견된 깊이마저 다 제각각이어서 같은 시기에 함께 묻혔다고 볼 수도 없다. 먼저 가장 상층부에서는 30대 정도에 해당되는 성인 남성이, 그보다 아래에서 어린이 한 명, 다시 더 아래에서 더 어린 유아와 한 돌이 채 되지 않은 아기의 뼈가 확인되었다. 이쯤 되면 이거 대체 뭐하는 우물인가 하는 생각이 절로 든다.

개체별로 남아 있는 뼈대를 더 살펴보면 우물의 가장 상층부에서 확인된 성인 남성의 뼈대는 대체로 몸통과 사지뼈들이 먼저 확인되고 그보다 아래 층에 머리뼈와 아래턱뼈가 놓여 있었다는 점에서 거꾸로 떨어졌을 가능성이 제기되었다. 또 이 남성의 왼쪽 위팔뼈에는 생전에 부러졌다가 치유된 흔적이 남아 있다. 한편 그 아래 층에서 확인된 8세 전후로 추정된 어린이의 경우 머리뼈가 상부에서 먼저 확인되고 아래로 내려가면서 머리 아래를 구성하는 뼈들이 확인되어 성인 남성과는 뼈대의 위치가 상반된 모습이다.

또 더 아래 층에서 확인된 유아와 아기의 뼈대도 어린이와 마찬가지로 머리뼈와 아래턱뼈가 몸통을 비롯한 머리 아래의 뼈대보다 더 위의 층에서 출토되었다. 남아 있는 유치로 치아가 얼마나 발달했는지를 통해 보다 구체적인 나이를 추정하니 유아는 3세 이하로, 아기는 태어난 지 6개월이 채 되지 않은 영아로 파악되었다. 또 유아의 오른쪽 갈비뼈 중 하나는 생전에 부러진 후 치유된 흔적이 있고 성인과 어린이, 유아의 치아에는 생전 영양 상태가 불량하여 발생하는 에나멜형성부전증이 있다. 그러니까 이 아이들은 충분히 잘 먹고 건강하게 자란 아이들이 아니다.

이와 유사한 사례로 2000년 국립경주박물관 내 미술관 부지의 통일신라 우물에서도 7~8세 무렵의 어린이 전신뼈대가 출토된 적이 있다. 이 아이의 뼈대도 토기 조각과 수많은 동물뼈가 함께 뒤엉킨 상태로 확인되어서 단순 사고사라고 보기 어렵다는 견해가 강하다. 단순사고가 아니면 누군가 일부러 아이들을 우물에 빠뜨리기라도 했을까? 신라시대에 아동학대사건이라도 일어난 걸까? 또 성인 남성의 뼈대는 어떻게 설명할 수 있을까? 폐기된 우물을 무덤으로 사용한 걸까? 꼬리에 꼬리를 무는 질문들이 이어지지만 무엇 하나 확실한 증거는 없다.

하지만 이 우물이 발견된 곳에서 멀지 않은 월성 내 서쪽 성벽의 바닥층에서도 심상치 않은 사람뼈가 출토되었다면? 성벽 밑도 우물처럼 무덤이 아닌 건 매한가지니 이 심상치 않은 사람뼈를 어찌 해석할 수 있을까?

2017년과 2021년 신라의 궁궐인 월성의 성벽을 발굴조사하는 과정에서 두 차례에 걸쳐 뜻하지 않은 지점에서 사람뼈가 발견된 적이 있었다. 이들은 성벽 밑바닥에 누운 자세로 발견되었으며 분석 결과 50대 남녀와 20대 여성으로 추정되었다. 먼저 확인된 50대 남녀의 경우 남성의 발치에서 토기만 확인되었지만, 20대 여성의 경우 목걸이와 팔찌를 착용하고 주변에서 토기는 물론 동물뼈도 함께 확인되었다. 사람뼈가 성벽을 본격적으로 쌓기 직전의 기초 층에서 나왔기 때문에 성벽을 축조하는 단계에서 묻혔다고 파악되었는데, 이에 대해 발굴을 담당했던 조사단은 사람을 죽인 후 성벽 아래에 묻어 의례를 행한 사례로 추측했다.

그런데 그 전에도 이곳에서 많은 뼈가 쏟아져 나왔던 적이 있다. 월성 발굴을 진행하고 있는 국립경주문화재연구소가 과거의 자료를 확인한 결과 1984~85년, 1990년 이 부근에서 23구 정도의 사람뼈가 쏟아져

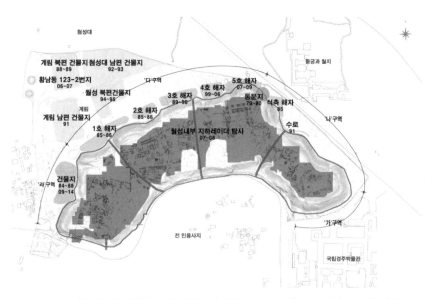

3-2. 신라 왕경의 핵심 유적인 경주 월성과 주변의 유적 조사 현황(2018년 기준). 월성 내부는 지하 물리탐사를 통해 정밀 발굴조사가 진행되었고 현재는 건물지와 담장, 해자는 물론 배수로 를 비롯한 도시기반시설과 당시의 화장실까지 확인되었다.

나왔다는 것이다. 하지만 안타깝게도 당시 사람뼈에 대한 연구가 제대 로 진행되지 못해 영아에서부터 미성년, 성년, 노년에 이르는 다양한 연 령대의 사람들이었다는 사실만이 현재 확인될 뿐이다.

 더 큰 재난이나 희생을 막기 위해 사람의 희생을 제물 삼아 의례를 행 했다는 이야기는 고대 여러 사회에 존재한다. 신라의 성벽 아래에 혹은 우물 속에 이런 이야기가 실재했을지도 모른다. 맹자는 우물에 빠진 아 이를 보고도 측은해하는 마음이 없다면 사람이 아니라고 했지만, 사람 이 품은 큰 뜻을 위해 사람을 희생시키는 것 역시 사람의 마음에서 비롯 된다는 것을 우물에 빠진 아이들의 뼈가 말하고 있는 것은 아닐까?

제4장 항아리무덤 속 가족

_____ 군산 당북리 유적의 옹관묘

시신을 매장하는 방식은 시대에 따라 다양한 변화를 거쳐왔지만, 시대와 상관 없이 비교적 오랜 시간 이어지는 매장 형식도 있다. 무덤을 쓰는 행위는 부패되는 시신을 처리하는 방식에서 출발해 죽은 이를 추모하고 기념하기 위한 방향으로 흘러오면서 다양한 방식으로 그 의미들이 표현되기 때문이다. 이 과정에서 어느 한 묘제가 쉬이 사라지지 않고 선사先史와 역사의 경계를 넘어 수백 년간 유지되었다고 한다면 그 의미를 충분히 생각해볼 만하다. 그중 시신을 흙으로 만든 항아리 속에 넣어 매장하는 묘제 형식인 옹관묘(항아리무덤, 독무덤)라고 불리는 장법葬法은 우리나라에서 신석기시대부터 나타나 이후 청동기시대에서 삼국시대에 걸쳐 많이 행해졌다.

옹관묘 하면 두 개의 토기를 맞대거나 결합시킨 무덤의 이미지와 함께 유아 전용 묘라는 인식이 있다. 하지만 최근까지 다양한 사례들이 확인되면서 옹관묘의 성격을 보다 다각적으로 해석해야 한다는 생각이 학계에 받아들여지고 있다.

또한 옹관의 크기나 기형器形, 안치한 방식도 다양하다. 옹관을 바로 세워 묻었는지 기울였는지, 아니면 완전히 눕혔는지, 석곽 내에 옹관을 안치했는지 그냥 토광 내에 옹관을 안치했는지, 옹관이 매장을 위한 전용 옹관인지 일상 용기인지, 옹관의 크기는 얼마나 큰지, 또 옹관의 내부나 외부에 부장품을 두었는지, 다른 분묘와 연관성을 갖고 있지는 않는지 등 같은 시기라 할지라도 옹관묘의 속성이 다양하게 나타난다.

무엇보다 옹관묘에 매장되는 대상이 특정 연령층에 한정되는지 아닌지도 옹관묘의 성격을 이해하는 데에 매우 중요한 요소 중 하나다. 하지만 옹관묘가 여러 유적에서 보고되는 것과는 별개로 시신이 뼈로 남아 보고된 경우는 많지 않아 피장자의 속성을 명확히 파악하는 것은 여전히 한계가 있다. 일부 유적에서는 3세 이전의 유아만 한정하여 옹관묘를 사용하였지만 그렇지 않은 사례들도 속속 보고되고 있어 옹관묘의 성격을 유아 묘로 한정짓기에도 무리가 있다.

이러한 맥락에서 2016년 중앙문화재연구원이 발굴조사한 군산 당북리 유적의 옹관묘는 매우 특별하다. 당북리 유적은 철도 노반 공사가 시작되기 전에 부지 내의 매장문화재를 조사하면서 확인된 곳이다. 이 조사로 해당 지역에서 삼국시대에 해당하는 여러 기의 석곽묘, 석실묘와 함께 옹관묘 한 기가 확인되었다. 고고학자들에 따르면 이 삼국시대의 무덤들은 백제 웅진기와 사비기에 걸쳐 군산 지역에 살았던 집단에 의해 만들어진 것으로 파악된다.

한 기의 특별한 옹관묘는 구릉 정상부에서 살짝 흘러내린 사면에서 확인되었다. 굳이 형식을 분류하자면 원형의 구덩이를 판 다음 옹관을

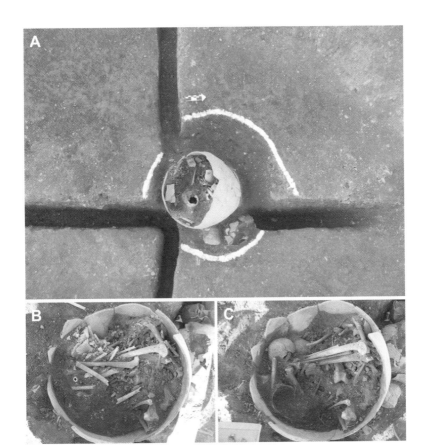

4-1. 군산 당북리 유적의 1호 옹관 모습. A: 옹관이 땅속에 박힌 상태로 일부의 뼈대가 노출되어 있다. B: 옹관 내 뼈 수습을 위해 상층의 일부 뼈대를 수습한 후의 모습. C: 사지뼈 일부를 수습하고 나니 아래층 왼쪽에서 머리뼈 일부가 다시 드러났다.

안치했으므로 토광옹관묘로 분류된다. 구덩이를 파고 옹관을 안치할 때 옹관을 바닥에 잘 고정하기 위해 돌을 이용한 흔적도 확인되었다. 옹관의 뚜껑은 원래 없었던 것으로 보이고 옹관 아래 구덩이 바닥에서 토기한 점이 출토되어 옹관을 안치하기 전에 죽은 이에 대한 의례가 이루어졌을 가능성도 언급되었다.

이 옹관묘가 특별한 이유는 옹관 상부에 드러난 뼈 때문인데 한눈에 봐도 한 사람에 속하는 분량의 뼈가 아니라서 발굴을 진행하던 연구원에서도 적잖이 당황했던 것 같다. 옹관묘에서 이렇게나 여러 사람의 뼈가 섞인 상태로 확인된 사례가 이전에는 없었다. 연구원에서는 가급적빨리 뼈를 수습해갔으면 하는 바람을 갖고 나에게 수습과 분석을 함께의뢰했다. 그 의뢰에 기쁜 마음으로 현장에 달려갔을 당시 옹관의 몸체대부분은 아직 땅속에 고정되어 있고 옹관 상부에 여러 사람으로 보이는 팔다리뼈와 머리뼈 일부가 드러나 있었다.

대체 이 항아리에는 몇 사람이나 묻혔을까? 상부에 드러난 큰 뼈대만봤을 때 최소 서너 명은 족히 되겠구나 생각하며 상부를 조심스럽게 걷어내자, 웬걸, 그 아래로 다른 사람의 것으로 보이는 머리뼈와 사지뼈가줄줄이 보였다. 상황이 이렇다 보니 당일 현장에서 수습을 완전히 마치기에는 어렵겠다는 판단이 섰다. 무엇보다 아직 드러나지 않은 아래 층에 몇 사람이나 더 있을지 알 수 없었기에 옹관을 땅속에서 완전히 발굴한 이후에 옹관 내부의 뼈를 수습하기로 결정했다.

다음 날 현장의 연구자들이 땅에 박힌 옹관을 꺼낸 다음 내가 요청한대로 항아리 전면에 석고붕대를 둘둘 감아 고정한 후 실험실로 보내주었다. 덕분에 실험실 책상 위에서 비교적 편한 자세로 뼈대를 수습할 수있었다. 하지만 숟가락으로 항아리 내부의 흙을 조심스럽게 긁어내기시작하자 뼈와 함께 그 속에서 여러 마리의 지네들이 순식간에 튀어나와 사방으로 흩어지는 바람에 숟가락으로 지네를 잡아가며 항아리의 바닥이 드러날 때까지 뼈를 꺼내야 했다.

이제 항아리에서 꺼낸 뼈들을 부위별로 분류해야 한다. 어떤 부위가

4-2. 옹관 내의 뼈대를 모두 수습하지 않은 채 땅속에 박힌 옹관을 먼저 꺼내 석고붕대로 감은 후 실험실로 옮긴 직후의 모습(왼쪽). 옹관 바닥에 흙과 함께 아직 남아 있는 뼈대가 보인다 (오른쪽).

얼마나 남아 있는지를 파악한 후 같은 사람에 속하는 뼈대를 모아서 정리하는 작업이 진행되어야만 항아리 속에 몇 사람의 뼈가 있었는지를 알아낼 수 있다. 몇 달에 걸쳐 뼈들을 정리하고 분류한 결과 항아리 속에는 최소 아홉 명 이상의 사람뼈가 있었던 것으로 파악되었다. 항아리의 높이가 1미터가 채 되지 않는다는 점을 감안하면 사후에 시신을 옹관에 바로 묻은 게 아니라 임시 매장을 통해 살을 썩게 한 다음 뼈만 추려 안치한 이차장二次葬 성격의 옹관묘로 판단할 수 있다.

시신을 두 번 처리한다고 하여 이러한 방식을 이차장이라고 하는데, 살이 썩게 된 후 마치 씻기라도 한 것처럼 깨끗하게 남은 뼈를 정리하여 다시 묻는다고 하여 세골장洗骨葬이라고도 한다. 『삼국지·위서·동이전』에는 옥저의 사람들이 이렇게 이중으로 장사를 지내는 장법을 행

4-3. 옹관 내부에서 뼈들을 다 꺼낸 후 옹관이 복원된 모습. 회청색의 옹관에
는 흐릿하게 격자 문양이 남아 있고 바닥은 둥글게 처리하였다.

했다는 기록이 있다. 즉 사람이 죽으면 먼저 시체를 임시로 매장하여 육
신을 썩게 한 다음 뼈만 추려 가족의 유골을 큰 목곽에 넣어 보관했다는
것이다. 굳이 삼국시대까지 거슬러 올라가지 않더라도 시신을 초가 형
태의 임시 무덤에서 대략 짧게는 1년 안팎에서 길게는 3년까지 두어 썩
힌 다음 다시 묻는 일종의 이중 장례는 '초분草墳'이라는 이름으로 비교
적 최근까지도 섬마을을 중심으로 행해져왔다.

　최소 몇 사람의 뼈대인지가 결정되면 개체별로 여성인지 남성인지,
사망 당시 나이는 어느 정도 되었는지를 분석한다. 분석 결과 당북리 옹
관묘에는 최소한 성인 여섯에, 미성년 셋이 함께 묻힌 것으로 파악되
었다. 성인 여섯 사람의 나이는 21세에서 35세 사이에 해당하는 비교적
젊은 성인부터 50세가 넘는 노년까지 다양하게 확인되었다. 또 유전체
자료를 이용해 이들의 성별을 판정한 결과 남성 네 명과 여성 한 명이

확인되었다. 나머지 성인 한 명은 다른 성인과 동일한 부위에서 시료를 얻지 못해 성별을 판정하는 분석이 이루어지지 못했다.

한편 미성년에 해당하는 세 사람의 나이는 유치와 영구치가 난 정도, 성장판이 있는 팔다리뼈 몸통과 뼈끝 사이의 결합 정도를 바탕으로 분석하였는데, 한 명은 2세에서 4세에 해당하는 유아, 한 명은 6세에서 10세 사이의 아동, 나머지 한 명은 15세에서 18세 사이의 청소년으로 파악되었다. 이들의 성별도 유전체 자료로 분석되었다. 그러나 유아의 뼈대는 시료를 얻는 것이 불가능해 분석이 이루어지지 못했고, 아동의 경우는 시료는 얻었지만 충분한 양의 유전자가 검출되지 않아 유전체 자료를 이용한 이들의 성별 분석은 이루어지지 못했다. 결국 마지막 한 명의 청소년만 여성으로 성별이 판정되었다.

그러면 대체 이들은 어떤 관계였을까? 왜 이렇게 다양한 연령대의 사람들이 함께 섞여서 같은 항아리에 매장되었을까? 그 사연이 너무나 궁금하지 않을 수 없다. 이들의 관계를 확인하기 위해서는 필수적으로 유전체 분석을 진행해야 했는데, 아홉 명 가운데 관자뼈의 바위부분 petrous part이 남아 있는 일곱 명의 뼈대에서 시료를 얻어 유전체 분석을 진행한 결과는 설마 하는 기대를 눈으로 확인하는 소름 돋는 순간이었다.

일곱 명의 시료 가운데 아동 한 명을 제외한 여섯 명의 시료는 생물학적 관계 분석이 가능할 정도로 충분한 양의 유전자가 남아 있었는데, 이들 여섯 명의 관계는 부부를 중심으로 연결된 확대가족으로 밝혀졌다. 즉 개체들 간의 생물학적 친연관계를 기초로 부부와 그들의 자녀 두 명, 아버지와 부계로 연결된 2차 혹은 3차 친척인 남성, 어머니와 1차 친척

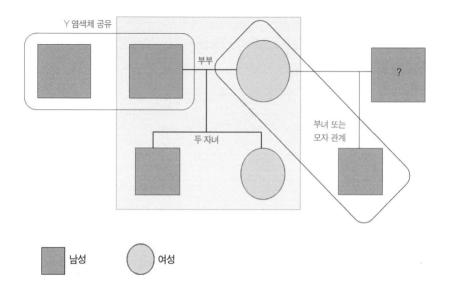

4-4. 유전체 분석 결과를 바탕으로 구성된 개체들 간의 관계. 부부와 두 자녀를 중심으로 연결된 확대가족의 구성을 보여주고 있다. 여기에서 부부의 두 자녀, 어머니와 1차 친척인 남성은 동일한 미토콘드리아 하플로타입을 공유하고 있다.

인 남성으로 구성된 확대가족의 가계도가 완성되었다(Lee 등, 2022). 막연히 가족이 아닐까 했던 생각이 실제로 맞아떨어진 것이다. 이런 상황이라면 유전체 분석이 이루어지지 않은 나머지 세 명 역시 친연관계가 있는 친족 구성원일 가능성이 높다.

옹관에 함께 묻힌 사람들이 친족관계라는 건 증명됐지만 여전히 이들이 어떤 이유로 함께 묻혔는지에 대해서는 의문이 남는다. 과연 친족관계라는 것만으로 아홉 명의 시신을 함께 매장했을까? 혹시 이들의 관계성 너머에 우리가 예상치 못한 또다른 이야기가 있는 건 아닐까? 이 아홉 명의 사람들에게 어떤 사연이 있는지 그 이야기가 무척이나 궁금하다. 이들의 사연을 정확히는 알 수 없으나 이들이 어떻게 살아온 사람들인지에 대한 단서는 남아 있다. 잘 먹고 잘 살았던 사람인지, 어릴 때부터 삶이 고달프기만 했던 사람인지는 뼈에 어느 정도 흔적이 남기 때문이다.

먼저 이들 관계의 중심에 있는 부부의 뼈대를 보면 부부 모두 넙다리뼈 하단에 뚜렷한 병변이 있다. 넙다리뼈에 달라붙은 근육을 과도하게 사용할 때 생기는 흔적이 부부 모두 있는 것으로 봐서 다리를 부단히 움직이고 때론 근육이 버텨내지 못할 만큼 힘에 부치는 일도 하며 살았던 것 같다. 또 남편은 어릴 때 심각한 영양부족이나 질병에 의한 스트레스를 겪어 치아의 가장 바깥막인 에나멜이 제대로 분비되지 못할 때 생기는 선형의 에나멜형성부전증이 있으며, 아내 역시 머리뼈에 빈혈이나 원인을 특정하기 어려운 질병에 의해 생기는 병변이 남아 있다.

이들의 자녀인 다 자란 아들과 청소년기의 딸 역시 곱게 자란 삶과는 거리가 있어 보인다. 4-7 그림을 보면, 아들의 눈확천장에 작은 구멍들이 보인다. 이 구멍은 주로 심각한 빈혈이 있을 때 생긴다. 딸의 머리뼈에도 어머니와 같은 병변이 남아 있으며 아들과 딸 모두 충치는 물론 젊고 어린 나이에도 불구하고 생전에 이가 빠진 흔적이 남아 있다. 미성년 아동의 눈확천장에도 아들과 같은 작은 구멍들이 있고 치아에는 에나멜형성부전증이 남아 있으며, 아버지와 친족관계인 남성의 뼈에도 눈확천장의 구멍, 머리뼈의 병변과 함께 넙다리뼈와 정강뼈의 뼈막에 염증성 반응이 있다. 이렇게 보면 잘 먹고 편히 살았던 사람들이 아니라는 것은 분명해 보인다.

한편 이들에 대한 유전체 정보는 현대 한국인의 유전적 기원을 추적

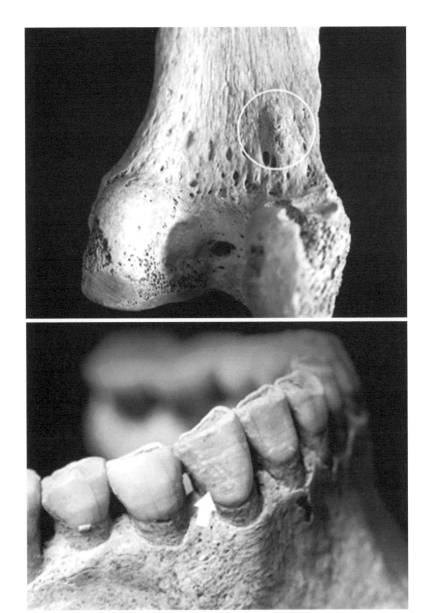

4-5. 옹관묘에서 출토된 개체의 넙다리뼈. 오른쪽 하단에 뼈대에 닿았던 근육을 과도하게 반복
적으로 사용하여 생긴 뼈대 변형이 보인다.
4-6. 옹관묘에서 출토된 개체(남편)의 아래턱 치아 가운데 오른쪽 앞니와 송곳니의 표면에 선형
에나멜형성부전증이 남아 있다.

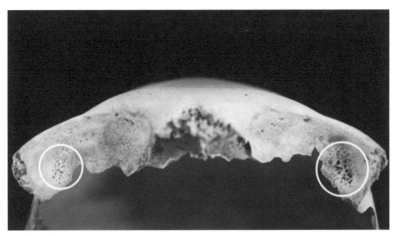

4-7. 옹관묘에서 출토된 개체(아들)의 이마뼈를 아래에서 본 모습. 좌우 눈확천장에 병리적 증상인 작은 구멍이 뚜렷하게 보인다.

개체	머리뼈	팔다리뼈	치아
성인1-아들	눈확천공	외골막염: 정강뼈 근부착부위변형: 넙다리뼈	충치, 생전 치아결실
성인2-아버지	코뼈 주변 재형성	근부착부위변형: 넙다리뼈	치관탈락, 선형에나멜 형성부전증
성인3-아버지의 삼촌 또는 사촌	단단입천장뼈의 구멍, 눈확천공, 다공성과골화증	외골막염: 넙다리, 정강뼈	병변 없음
성인4-어머니	다공성과골화증	용해성 병변: 넙다리뼈	잔존 치아 없음
미성년1-유아	병변 없음	병변 없음	병변 없음
미성년2-아동	눈확천공	병변 없음	선형에나멜형성부전증
미성년3-청소년	다공성과골화증	병변 없음	충치, 생전 치아결실

표 1. 옹관묘에서 출토된 뼈대에 남아 있는 병리적 증상. 미성년 유아를 제외하고는 성인, 아이할 것 없이 다양한 스트레스를 경험한 흔적이 뼈에서 확인된다.

하는 데에도 크게 기여한다. 즉 현대 한국인 집단이 유전적으로 어떻게 형성되었는지 그 과정을 이해하려면 당북리 유적의 사례처럼 오래된 유적의 사람뼈 집단에서 유전체 정보를 축적해야 한다. 유전적으로 얼마나 가까운 집단인지를 분석하는 방법을 이용하여 당북리 집단을 현대 한국인 집단과 비교한 결과에 따르면, 두 집단의 유전적 특성이 크게 다르지 않은 것으로 확인되었다. 따라서 현대 한국인 집단이 갖는 유전적 속성의 기원이 적어도 당북리 사람들이 살았던 시기까지 거슬러 올라간다는 사실을 알 수 있다.

당북리 유적의 옹관묘는 이례적으로 많은 사람의 뼈가 옹관 하나에 함께 안치된 사례로, 옹관묘 내에 친족관계의 구성원들이 매장된 사실을 처음으로 확인하게 해주었다. 이번에는 가족일 수도 있지 않을까 하는 기대가 사실로 드러났을 뿐이지만 다음 번 발견될 다른 분묘에서는 어떤 이야기와 사연이 밝혀질지 모른다. 옛 무덤을 발굴할 때마다 고대 사회의 장례 습속이 얼마나 다양한 이야기를 담고 있을지 기대가 되는 이유다.

제5장 치아에 기록된 역사

치아는 우리 몸의 뼈대 중에서 가장 보존성이 높아 시간이 지나도 좀체 썩지 않고 오래도록 남는다. 이유는 조직의 구성 자체가 다른 뼈대와 다르기 때문인데, 치아에는 다른 뼈대에 비해 무기질 성분이 더 많아 단단하고 잘 부식되지 않는다. 이로 인해 무덤 속의 거의 모든 뼈대가 다 삭아 없어져도 치아는 몇 점 정도 남는 경우가 많고, 얼마나 오래 남을 수 있는지는 퇴적 환경에 따라 좌우된다. 즉 뼈대가 잘 유지될 수 있는 조건만 충족된다면 치아는 수십 혹은 수백만 년 전의 유적에도 남는다.

그런데 몇 점 안 남은 치아로 대체 뭘 할 수 있을까 하는 생각이 들지도 모르겠다. 하지만 이런 생각은 기우다. 치아는 옛사람들이 섭취했던 식단의 종류와 식이 습관을 복원하는 데에 중요한 정보를 제공하는 매우 매력적인 연구 자료다. 고고 유적에서 출토된 사람뼈를 연구하는 분야 중에서도 치아만 전문으로 하는 분야(치아인류학)가 따로 있을 정도니 말이다.

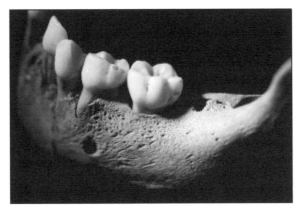

5-1. 우리 몸을 구성하는 뼈대 가운데 치아는 음식을 씹는 기능과 관련된 고유의 정보를 담고 있을 뿐만 아니라 성장 패턴, 질병, 구강위생 등 다양한 측면에서 옛 집단에 대한 정보를 제공한다.

먼저 치아는 기능 면에서 다른 뼈대와는 구별된다. 여타의 뼈대 부위가 장기를 보호하거나 근육이 움직일 수 있도록 돕는 근육의 지렛대 역할을 하는 것과는 달리 치아는 우리가 섭취하는 음식물과 직접 접촉해 음식물을 끊거나 잘게 부수는 기능을 한다. 바로 이 점이 치아가 특별히 더 매력적인 이유다. 과거 집단이 섭취했던 음식물의 흔적을 찾긴 어려우나 그 음식물과 접촉했던 뼈대인 치아는 남아 있을 수 있다. 이 치아의 씹는 면에 남아 있는 흔적을 통해 실록이나 양반네의 일기에는 담기지 않은 보통의 사람들이 주로 어떤 성질의 식료를 섭취했는지에 대한 정보를 얻어낼 수가 있다.

치아가 갖는 또다른 속성은 스트레스로 인한 결함을 영구적으로 보존한다는 점이다. 즉 치아는 한번 손상되면 자연적인 치유가 불가능하다. 대개의 뼈대는 골절이 발생해도 또는 질병에 의한 손상이 있어도 어느 정도 자연적 치유가 이루어지지만, 치아는 예외다. 치아에 기록된 놀랄

만한 정보 덕분에 특히 자라면서 영양 부족이나 질병에 의한 스트레스로 인해 치아에 결함이 발생하면 몇 살 때쯤 심각한 스트레스가 있었는지도 알아낼 수 있다. 입속에 한 사람의 역사가 차곡차곡 쌓이는 셈이다.

옛사람들이 어떤 속성의 식료를 주로 섭취했는지 파악하려면 치아의 씹는 면을 분석하면 된다. 즉 어떤 치아가 얼마나 어떻게 닳았는지를 보거나, 그릇에 이가 나간 것처럼 치아 표면 일부가 깨져 떨어져나간 현상(microtrauma 또는 chipping 현상이라고 부름)을 분석하면 어떤 종류의 식료를 주로 섭취했는지에 대한 정보를 얻을 수가 있다. 이 밖에 음식물의 찌꺼기가 석회화된 치석 덩어리가 운 좋게 치아에 남아 있다면 그 성분을 분석해 음식물의 종류를 직접 알아낼 수도 있다.

연구에 따르면 농경사회 이후 정제된 음식을 많이 섭취하게 되면서

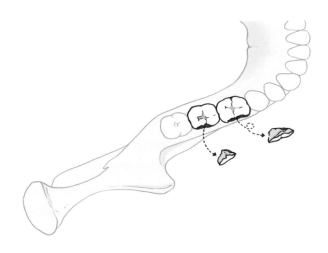

5-2. 어금니 치아머리의 일부가 깨져 떨어져나간 모습. 치아 표면에 무리한 힘이 가해졌을 때 에나멜이 강도를 견디지 못하고 일부가 깨져 떨어져나가기도 하는데 고고 유적에서 출토된 집단의 경우 이러한 모습이 빈번하게 관찰된다.

치아 마모는 이전보다 감소하는 경향을 보인다. 또 극지방의 이누이트 집단처럼 입자가 거칠고 차거나 언 음식을 자주 소비하는 경향이 있으면 어금니 머리crown의 일부가 깨지는 현상이 다른 집단에 비해 더 두드러진다. 이런 경향은 해안가에 살았던 집단에서도 두드러지게 나타나는데, 해감이 제대로 되지 않은 조개류를 먹었을 때의 기억을 떠올리면 쉽게 이해할 수 있다.

치아의 씹는 면에서 보이는 특징 외에 치아에 나타나는 병리적 흔적 역시 너무나 소중한 정보다. 치아와 더불어 치아가 박혀 있는 턱뼈까지 함께 남아 있어 분석이 이루어진다면 병리 흔적을 더 많이 찾아낼 수 있으니 그야말로 금상첨화다. 나아가 이러한 흔적을 당시 집단의 성별, 연령 정보, 사회경제적 배경이 되는 지표와 함께 분석하면 단순히 과거 집단의 치아 건강 상태뿐만 아니라 집단의 식료 섭취 및 식이 습관의 변화, 일반적인 건강 수준에 대한 정보까지 축적할 수 있다.

치아에 나타나는 가장 흔한 병리 현상은 바로 충치다. 지금 우리와는 너무나 친근해서 특별히 질병이라는 생각도 들지 않지만, 충치는 인류가 앓아온 질병 가운데 그 역사가 가장 오래된 질병 중 하나이며 동시에 가장 흔한 질병이기도 하다. 세계의 다양한 고고 유적에서 출토된 집단을 대상으로 한 연구에 따르면 충치의 유병률은 채집수렵에서 농경사회로 전환되는 과정에서 급격하게 증가하는 경향을 보인다. 구체적으로 채집수렵사회의 충치 유병률은 1~2퍼센트 수준이지만 농경사회는 8~9퍼센트의 유병률을 보인다고 보고되었다(Turner, 1979).

그러니까 구석기시대 사람들은 충치가 거의 없었다는 얘기다. 또 이 말은 치아 위생이나 관리 수준보다는 어떤 음식을 먹느냐 하는 문제가 충치 발생과 더 관련되어 있다는 의미이기도 하다. 농경사회로 오면서 충치 유병률이 증가하는 원인은 농경사회의 식료가 이전보다 대체로 종류 면에서 다양하지 못하고 식단 면에서도 탄수화물의 소비에 집중되었기 때문으로 알려져 있다.

국내 고고 유적에서 출토된 사람뼈 집단의 충치 유병률을 조사한 연구에 따르면, 삼국시대와 조선시대 집단의 충치 유병률이 모두 10퍼센트가 채 되지 않는다(Han 등, 2010). 이 유병률은 집단에 남아 있는 모든 치아의 수를 세어 그 안에서 충치를 보이는 치아의 개수를 따진 수치라 개체별로 파악한 유병률보다는 낮지만, 어쨌든 우리나라는 5~6세기 집단이든 조선 후기 16~18세기 집단이든 충치 유병률의 변화가 거의 없는 것으로 나타난다. 여기에서 삼국시대 집단은 88개체, 조선시대 집단은 주로 회묘에서 출토된 사람뼈 126개체를 대상으로 하고 있어 이 결과를 시대 일반의 특성으로 확대하기는 어려우나 유병률이 높지 않은 수준이라는 점은 주목할 만하다.

충치가 치아 표면의 어디쯤에 주로 나타나는지도 중요한 정보가 된다. 어느 정도의 무른 음식을 주식으로 섭취하며 어떤 방법으로 조리해 먹느냐에 따라 충치가 주로 발생하는 부위도 달라지기 때문이다. 조선시대 사람의 경우 치아 씹는 면에서 충치가 발생하는 사례가 가장 많았다. 주식으로 밥을 끓여먹는 동아시아 집단은 대체로 치아의 씹는 면에 충치 유병률의 빈도가 높은 것으로 나타난다.

해외 집단을 대상으로 한 연구를 참조하자면, 우리나라 사람뼈 집단에서 나타나는 5퍼센트 안팎의 유병률은 혼합경제, 즉 채집수렵 단계와 농경사회 사이에 존재했던 몇 가지 생계방식이 혼합된 사회의 충치 유병률과 유사한 수준이다. 또 비슷한 시기의 서구 집단은 물론 일본사회와 비교해도 조선시대의 충치 유병률은 현저히 낮은 수준이다.

조선 후기에 이르기까지 우리나라의 충치 유병률이 다른 사회에 비해 낮았던 이유는 뭘까? 연구자들은 우리나라의 근대화가 다른 사회에 비해 늦게 이루어졌다는 사실에 주목한다. 근대화의 여파와 함께 나타나는 사회적 변화 중에서 특히 19세기까지 외국과의 교역이 거의 이루어지지 않아 정제된 당糖이 늦게 수입되었던 점이 하나의 요인으로 작용했을 것이라는 설명이다.

이와는 대조적으로 에도시대(1603~1867)에 일본의 충치 유병률은 우리보다 훨씬 높다. 이는 일본이 일찍이 나가사키 항구를 통해 서양과 교류했고 이후 유럽의 여러 국가와 무역 동반자 관계를 유지하면서 정제된 당을 당시에 상당한 수준으로 소비하고 있었기 때문일 수 있다. 조선통신사와 관련된 기록에도 통신사 일행이 일본에서 처음 카스텔라와 막대사탕을 구경했다는 내용이 남아 있다(한국사데이터베이스 해외사료총서 31권. http://db.history.go.kr/id/fs_031_$2exp).

조선에 사탕이 얼마나 귀했는지는 『조선왕조실록』에도 기록되어 있는데, 세종의 비였던 소헌왕후가 병에 걸려 사탕을 맛보고 싶다고 했으나 구하기 쉽지 않아 결국 사탕을 맛보지 못하고 죽었다고 한다. 왕실에서도 구하지 못한 사탕을 대한제국 시대를 살았던 〈미스터 션샤인〉의 애기씨가 맛나게 먹기까지 400년 이상이 걸린 셈이다. 죽어가는 왕후가 간절하게 원했던 달콤함이라면 그 시대에 그건 그냥 음식이 아니라 귀한 약이었을지 모른다.

확실히 충치 유병률은 근대 이후 정제된 당이 등장하면서 거의 모든 사회에서 증가한다. 또 미국에서는 콜라가 등장해 군인들에게 보급되면서 집단 내 충치 유병률이 급증했다는 보고도 있다. 이렇게 단맛에 이끌리는 건 본능이지만 이 본능에 충실한 결과는 자비롭지 못하다. 특히 치아머리에 왕관을 씌우거나 뿌리까지 갈아치우는 임플란트와 같은 치료법이 없던 과거에는 더욱이 말이다.

충치가 심해져 박테리아가 치아 속 구조(치수강, pulp chamber)까지 깊숙이 침투하게 되면 염증반응이 나타난다. 특히 염증이 치아뿌리 주변과 턱뼈까지 퍼지면 턱뼈에는 고름이 뭉친 농양이 생기고 치아는 빠질 수밖에 없는데 이를 생전 치아결실antemortem tooth loss이라고 부른다. 한마디로 치아가 버티지 못하고 생전에 빠지는 건데 삼국시대 집단의 경우 충치 유병률보다 생전 치아결실의 유병률이 더 높다.

생전 치아결실은 충치뿐만 아니라 치아가 심하게 마모되거나 생전에 특정한 치아를 뽑는 풍습이 있는 경우 혹은 질병이나 외상에 의해서도 나타날 수 있다. 생전 치아결실의 유병 양상을 현대인 집단과 비교하면 삼국시대 집단의 경우 상대적으로 앞니가 생전에 빠지는 경우가 빈번했던 것으로 파악된다. 반면 현대인은 나이가 들면서 주로 어금니 쪽에 생전 치아결실이 나타난다. 연구에 따르면 앞니로 딱딱한 음식을 갉거나 끊을 때 또는 특정한 일을 하면서 앞니를 제3의 손으로 이용할 때 마모가 극심하게 발생한다고 보고된다. 또는 골절이 발생하면서 앞니가 생전에 빠질 수 있다고도 하는데, 여기에서 골절은 넘어지거나 폭력에 의해 나타날 수도 있다.

과거 집단의 충치 유병률은 현대인과 비교가 되지 않을 정도로 낮은 수준이지만 생전 치아결실은 현대인보다 과거 집단의 삶에 훨씬 더 많

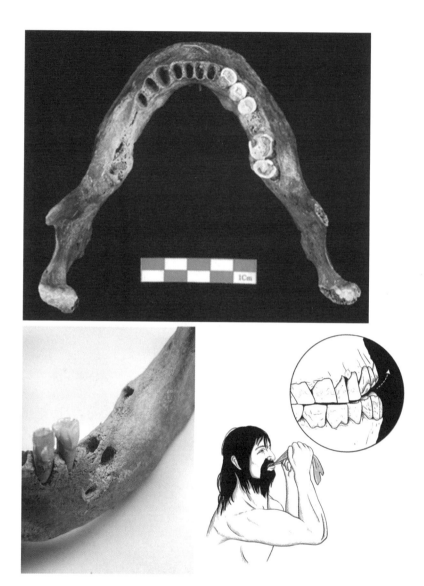

5-3. (상)아래턱 왼쪽에 있는 큰어금니는 생전에 모두 빠져서 치아확이 흡수되어 완전히 닫혀 있고 오른쪽 첫째큰어금니 역시 치아확이 거의 흡수된 상태다.

5-4. (하좌)아래턱의 왼쪽 큰어금니 치아확 자리에 농양이 생겨 뼈대 일부가 용해된 모습이다.

5-5. (하우)이누이트족이 앞니로 가죽을 무두질할 때 위의 그림처럼 치아를 제3의 손으로 사용 했을 것으로 추정된다. 앞니가 닳은 흔적을 보면 음식을 씹어서 생긴 마모가 아니라는 사실을 알 수 있다.

은 영향을 미쳤다. 지금은 나이가 들면서 치아 관리가 제대로 되지 않을 때 생전 치아결실이 생기지만, 뼈에 남은 흔적을 보면 과거에는 비교적 젊은 나이에도 생전 치아결실이 빈번하게 나타났던 것으로 보인다.

치아는 우리 몸의 뼈대 중에서 겉으로 드러나는 유일한 뼈대이면서 음식물을 소화 가능한 형태로 갈아주는 기능을 하므로 문제가 발생했을 때는 치료나 관리가 매우 중요하다. 이렇듯 치아는 단순한 뼈대가 아니다. 내가 어떤 음식을 먹고 살아가는지, 내 치아는 어떻게 관리되고 치료될 수 있는지는 내가 살아가는 사회의 특성을 전제한다. 그러니 내 입속에는 내 역사만 들어 있는 게 아니다.

02
내 발밑의 공동묘지

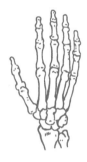

제6장 학교 아래에는 정말 공동묘지가 있었다

____서울 은평구 진관동의 조선시대 분묘 유적

우리나라에 공동묘지의 개념이 제도적으로 도입된 것은 일제 강점기 때 일이었다. 당시 조선총독부는 식민지 정책에 방해가 되는 분묘를 처리하기 위해 특별한 경우를 제외하고는 사설묘지를 금하는 공동묘지 정책을 마련했다(송현동, 2005). 그렇다면 이 정책 전에는 공동묘지가 없었을까? 그럴 리가. 공동묘지라고 부르진 않았지만 조선시대에도 선산에 개인묘지나 가족묘지를 쓸 수 있는 형편이 안 되는 서민들은 야산에 묘를 쓸 수밖에 없었다. 그럼 그 시대의 공동묘지는 어디로 간 걸까?

예전에 '국민학교'를 다녔던 세대는 공동묘지 위에 학교가 세워졌다는 괴담 아닌 괴담을 흔히 들었다. 국민학교 세대인 나 역시 해가 떨어지면 공동묘지의 귀신들이 교실에 출몰한다는 둥 운동장의 동상들이 피눈물을 흘린다는 둥 하는 이야기들을 들으며 자랐다. 한참 잊고 살았던 그때 이야기들이 다시 떠오른 것은 어느 학교 아래를 발굴하게 되면서였다. 학교 아래에 정말로 공동묘지가 있었던 것이다!

하지만 그곳에는 오싹한 스릴이 아닌 옛사람들의 이야기가 있었다. 분묘가 겹겹이 확인되는 공동묘지에서 나온 대규모 사람뼈 자료는 집단의 역사를 복원할 수 있게 해주는, 사람뼈 연구자에게는 최고의 유적이라 할 수 있다. 이런 맥락에서 서울 은평구 진관동 일대에서 확인된 공동묘지는 앞으로 다시 만나기 어려울 정도로 사상 유례가 없는 유적이라 할 만하다.

진관동 일대는 서울시의 뉴타운 개발 예정지로 확정되어 2005년부터 시굴 조사가 이루어졌는데, 그 결과 조선시대의 대규모 공동묘지로 밝혀졌다. 이후 4년에 걸쳐 본격적인 발굴이 이루어지면서 해당 지역에서 무려 5000기에 가까운 분묘가 확인되었다. 당시 서울에서 이루어진 발굴조사로는 최대 규모였으며, 이 대규모 분묘 유적을 발굴하는 작업에 다수의 민간 기관과 사람뼈를 연구하는 팀이 함께 참여했다. 물론 그 바람에 몇 개 지구로 나누어진 뉴타운 개발은 줄줄이 늦어질 수밖에 없었다.

보통 고고학 발굴 현장에서 흔히 발견되는 조선시대 무덤은 현재와 가장 가까운 시기라서 그런지 이전 시대의 유산에 비해 상대적으로 그 중요성이 평가절하되는 측면이 없지 않다. 그러니 삼국시대 주거지에 섞여 조선시대 무덤이 나오더라도 조선시대 무덤은 슬쩍 지나가는 경우가 많다. 하지만 진관동의 경우는 여기를 파도 무덤, 저기를 파도 무덤만 즐비하게 나오니 아예 눈을 감아버리지 않는 한은 지나칠 수가 없었다. 그야말로 희소가치가 낮더라도 양에 압도될 수밖에 없었던 셈이다.

진관동 유적은 북한산 서편에서 이어지는 능선부의 끝자락 사면에 있

6-1. 은평구 진관동 유적의 발굴 당시 모습. 직사각형의 구덩이가 모두 무덤이며 흔치 않은 분묘 유적의 모습이다.

6-2. 뉴타운이 들어서기 전에 발굴이 한창 진행되는 모습. 사면을 향해 배열된 무덤들이 즐비하다.

는데, 워낙 범위가 넓은 탓에 문화재연구원 몇 곳에서 함께 조사를 진행하였다. 나는 그중에서도 주로 남사면 일대의 유적 지구에서 2년에 걸쳐 사람뼈를 발굴했는데, 약 3000기에 이르는 무덤 중에서 660여 기의 무덤에 남아 있는 사람뼈를 확인하고 수습했다. 대개 무덤 다섯 기 중에 한 기에는 뼈가 남아 있었으니 무덤 내에 뼈가 남은 확률이 20퍼센트 남짓은 된다.

2006년 늦가을부터 2007년 겨울까지 그 많은 무덤을 열고 남아 있는 사람뼈를 수습하느라 현장에서 꽤 긴 시간을 보낼 수밖에 없었다. 하루 종일 열심히 파고 수습해도 다음 날이 되면 수습을 기다리는 뼈가 즐비한 상황이었으나 시공사 측에선 예정된 뉴타운 건설을 무한정 연기할 수 없어 또 우리 팀을 재촉할 수밖에 없는 그런 상황이었다. 결국 아르바이트생들을 따로 뽑아 간단히 뼈 수습 방법을 알려주고 너 나 할 것 없이 전속력으로 함께 발굴하고 사람뼈를 수습했다. 당시 함께 일했던 아르바이트생 중에는 고시준비생도 있었고 시인도 있었는데, 한결같이 사람뼈에 대한 거부감도 없고 산에서 열심히 일하고 밥 먹으니 건강해진 기분이라며 그 일에 무척 만족해했다. 그때 뼈 좋아하는 사람이 나뿐 아니라 의외로 있구나 하는 사실을 알았다.

진관동 내 무덤들은 대체로 능선을 따라 정상을 향해 머리를 두고 배열되었으며 밀집도가 너무 높아 상당수는 서로 겹쳐 있기도 했다. 어느 무덤은 상반신이 위치한 지점의 일부가, 어느 무덤은 하반신이 놓여진 곳의 일부가 나중에 만들어진 무덤의 일부로 사용되었다. 무덤이 있다는 걸 알고도 다시 무덤을 썼을 리는 없고 먼저 만들어진 무덤에 봉분이 사라져 어떤 흔적도 남지 않았기에 무덤 간의 중복이 심하게 이루

6-3. 은평구 2지구 C공구 내 III지구의 무덤들. 해당 지구 내에서 무덤의 밀집도가 가장 높은 지역이다.

어질 수 있었을 것이다. 진관동 유적에서 무덤 간 밀집도가 높은 구역은 대략 30평 되는 면적에서 36기에 이르는 무덤이 나왔으니 무덤 자리로는 최고의 인기를 누렸던 곳이 아니었을까 싶다.

이렇게 능선마다 수백 기의 무덤이 빽빽이 들어차고도 모자라 무덤 위에 또 무덤을 썼던 이유는 무엇일까? 말하자면 진관동은 무덤 쓰기에 좋은 곳이었다. 그 이유는 진관동의 지리적 위치와 조선시대『경국대전』에 실린 금장禁葬의 조건에 있었다. 조선시대에는 법으로 한성부의 도성 사대문 안과 도성 밖 10리 내에는 묘를 쓸 수 없도록 규정되어 있었다. 이로 인해 매장을 금지하는 금장의 영역이 존재했는데 이를 '성저십리'권역이라고 했으며, 진관동 일대는 이 금장권 바로 바깥 경계에 해당한다. 현재의 서울시와 고양시 경계면에 자리한 진관동은 조선시대 한양에서 약 50리 떨어진 곳에 위치하니, 매장이 가능한 곳 중에 한양과 가장 가까운 지역에 해당한다.

또 과거부터 사신들의 왕래가 잦아 도로가 잘 정비되어 있었고, 무악재나 박석고개를 경계로 거주지 중심의 생활공간과 분리된다는 점에서도 매장지로 높은 점수를 받을 수 있었다. 진관동 일대가 언제부터 집단묘역이 되었는지 기록으로 명확하게 확인되진 않으나, 이런 연유로 산 사람의 영역이기보다는 죽은 이들의 영역이 되었다. 이 금장의 경계가 허물어지고 죽음의 공간이 전복된 건 불과 100년 남짓밖에 되지 않는다.

일제 강점기 경성으로 사람들이 모이면서 과밀화 문제를 해결하기 위해 도시의 경계가 확장되었다. 이때 성저십리권 밖의 지역들이 경성에 편입되었다. 도시 밖의 영역이 도시 안으로 들어오게 되었으니 주로 서

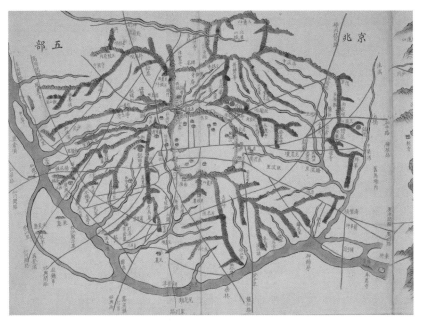

6-4. 성저십리권역을 보여주는 〈경조오부도〉. '경조京兆'는 도읍을 뜻하고 한성부漢城府는 행정
구역이 '5부部'로 나누어져 있었기에 '경조오부'라 한 것이다.

민들이 모여사는 민가가 들어섰고 일제는 그 보통의 사람들을 신민화하
겠다는 정책으로 이곳에 보통교육 시설인 국민학교를 세웠다. 수백 칸
층층이 쌓인 무덤들 위로 학교를 비롯한 시설과 일상의 공간들이 새롭
게 조성된 셈이다.

　무덤 위의 초등학교는 일제 강점기에 문을 연 이래 줄곧 그 자리에 있
다가 발굴이 시작되고는 3년간 문을 닫았고, 뉴타운 건설 공사가 끝난
다음에야 다시 문을 열 수 있었다. 그렇게 학교 아래에 수백 년간 층층
이 쌓였던 무덤의 문이 열리자 그 속에서 조선시대 한양에 살았던 평범
한 사람들의 특별한 이야기가 드러났다.

무덤 중에는 회로 곽을 만든 경우도 있지만, 흙구덩이에 관도 없이 시신을 매장한 경우도 있었다. 또 구덩이에 나무 관이나 곽을 넣은 경우도 있고, 두 사람의 무덤이 한 덩어리로 붙은 합장 형식의 무덤도 있었다. 합장묘의 경우는 두 사람 중 누구의 묘가 먼저 만들어지고 또 나중에 만들어졌는지도 알 수 있었다. 동시에 사망한 경우는 없어 당연히 먼저 만들어진 무덤 옆에 나중에 사망한 이의 무덤이 추가되었는데 그 흔적이 남을 수밖에 없다.

부부를 합장할 때에는 남편과 아내의 자리도 정해져 있었는데, 1844년에 편찬된 『사례편람四禮便覽』에는 남좌여우男左女右, 즉 누워 있는 시신을 기준으로 부인의 오른쪽에 남편이 있어야 한다고 되어 있다. 하지만 과연 그런 원칙이 모든 무덤에서 제대로 지켜졌을까? 성별을 구분하는 염색체 유전자로 무덤 속 주인공들의 성별을 분석했더니 원칙대로 묻은 경우도 있었지만 아닌 경우도 있었다. 한 사람이 죽고 한참 지나 합장을 위해 다시 무덤을 파고 보니 반대 방향에 구덩이를 팠는지도 모를 일이다.

또 무덤 내에서 명기와 백자사발, 벼루, 연적, 분청매병, 청동수저나 거울과 같은 청동제품이 유물로 출토되기도 했는데, 이러한 유물이 나온 사례는 일부에 지나지 않고 대부분은 부장품 없이 매장한 경우였다. 무덤 내에 부장품을 적게 넣거나 거의 넣지 않는 경향은 조선 후기로 갈수록 더 분명해진다. 이러한 경향으로 인해 무덤 수에 비해 유물이 많지는 않았지만 많은 사람들이 묻고 묻혔던 곳인 만큼 특별한 사연의 부장품들도 더러 확인되었다.

먼저 무덤 바닥에서 조선 초기에 만들어진 조선통보가 나온 사례가 있었다. 이는 망자가 저승길에 쓰는 노잣돈이 되기를 바라는 마음에 부장된 물품이다. 또 항아리 안에 날달걀 세 개와 조개를 넣은 무덤도 각각 확인되었다. 이에 대해서는 달걀과 조개가 생명력을 의미하므로 고인의 입안에 넣어주는 반함 풍습과 관련이 있는 부장 행위였을 가능성이 언급되었다.

이 밖에 굿에 사용되는 칼과 방울이 부장된 사례도 있었다. 생전에 고인이 무당이 아니었을까를 강하게 의심해볼 수 있는 부장품이다. 이렇게 몇몇 특별한 부장품이 확인된 사례들이 있었지만 진관동 일대 공동묘지에 묻힌 망자들의 대부분은 함께 묻힌 부장품이 없어 생전에 어떤 이였는지 알 길이 없는 사람들이다.

한편 진관동에 묻힌 사람들의 뼈에는 이들이 어떤 사람들인지 추정할 만한 단서가 일부 남아 있다. 예로 관절면을 이루는 뼈대에서 확인되는 퇴행성 변화의 경우 비슷한 시기의 다른 나라 사람뼈 집단에 비해 그 빈도가 낮은 편으로 확인되었다(Woo, Pak, 2013). 이러한 결과는 농사를 지을 때 이용하던 쟁기나 써레와 같은 도구에 의존해 근육활동을 주로 했던 집단들과는 차이가 있다.

이렇게 진관동 유적에서 출토된 사람뼈를 분석한 결과는 조선시대 중후기 이 지역에 살았던 사람들의 삶을 유추할 수 있는 자료로서 의미를 갖는다. 즉 조선 후기 서울이 상업 중심의 도시로 변모하면서 농경지가 점차 축소되고 그 결과 많은 사람들이 상업과 제조업에 종사하면서 경제활동의 구도가 재편되는 변화가 일어나는데, 그러한 변화 속에서 진관동 일대에 형성된 공동묘역을 이해할 필요가 있다.

또 고려시대부터 묘지는 세도가들이 토지를 독차지하는 수단으로 이용되어왔고 조선시대에 이르러 풍수사상이 유행하면서 사대부들은 선산에 묘역을 대대로 조성하는 동시에 산지를 점유하고자 하였다. 때문에 이른바 힘깨나 있는 사대부들이 진관동과 같은 집단묘역을 선호하지는 않았을 것이다. 그러니 벼슬에 오르지 못한 도성 내 중인이나 한양 주변에 거주해온 토착민들이 이 지역을 묘지로 줄곧 이용했을 가능성이 높다. 이런 맥락에서 여기에 묻힌 사람들은 대개 피붙이들이 대대로 묻히는 선산을 가질 수 없었고 풍수지리를 따져 무덤 자리를 고를 수 없었던 사람들로 보인다. 바로 그런 사람들의 북망산이 진관동 일대의 조선시대 공동묘역이었다.

제7장 사대부의 무덤과 평민의 무덤

____조선시대의 회묘와 토광묘

유적을 발굴하면 특수한 경우를 제외하고 사람의 뼈는 대개 무덤에서 확인된다. 무덤은 당시 사회가 정한 질서와 문화에 따라 치장되는데 이 과정에는 고인이나 무덤 축조자의 신분과 위계를 비롯한 사회경제적 지위가 반영된다. 조선시대 분묘 유적의 경우에는 대개 무덤의 재료로 회를 사용했는지 아닌지를 기준으로 피장자의 신분을 달리 판단하기도 한다. 그 근거는 우선 토광묘에 비해 회묘가 희소했는데, 이는 관과 곽을 보호하기 위해 칠하는 석회가 조선시대에는 귀한 품목이라 무덤의 재료로 쓰기가 쉽지 않았을 것으로 여겨지기 때문이다.

이러한 이유로 조선시대, 특히 16세기로 접어들면서 무덤을 회로 치장했는지 아닌지에 따라서 형식을 분류하기도 한다. 즉 회를 사용한 무덤은 회묘(회곽묘 또는 회격묘라고도 함), 회를 사용하지 않고 나무로 된 관이나 곽을 사용한 무덤은 토광목관묘, 토광목곽묘로 분류한다. 16세기 이전에는 석실이나 석곽묘, 옹관묘, 일부 화장묘도 있었지만 중국의 『주자가례

朱子家禮』가 조선의 현실에 수용되면서 회묘가 조선시대 지배층의 중심 묘제로 자리잡게 되고 17세기 이후에는 양반층 이외의 서민계층으로도 확산된다. 진관동 유적에서 확인된 5000여 기의 무덤 중 회묘는 10퍼센트 내외이며, 나머지는 모두 토광묘로 분류된다. 발굴조사로 밝혀진 바에 따르면 회묘는 470여 기, 토광묘는 4440여 기로 수적으로는 토광묘가 압도적으로 많았다.

조선시대 분묘의 치장 절차는 『국조오례의國朝五禮儀』나 『상례비요喪禮備要』, 『사례편람』에 기록되어 있다(조길환, 2009). 이 책들은 중국 남송대 주자의 『가례』를 모태로 했는데, 『국조오례의』, 『상례비요』, 『사례편람』 순으로 편찬이 이루어졌다. 가장 먼저 편찬된 『국조오례의』는 신숙주(1417~75) 등이 왕명으로 오례의 예법과 절차를 저술한 책으로 1474년에 편찬되었다. 『상례비요』는 조선 중기의 예학자인 신의경(1557~1648)이 오례 중 상례에만 초점을 맞춰 초상에서 장제까지의 의식을 저술한 책으로 1648년에 편찬되었다. 가장 늦은 시기인 1844년에 편찬된 『사례편람』은 조선 후기 이재(1680~1746)가 주자의 『가례』를 일상에서 편리하게 적용하기 위해 저술한 후 그의 후손이 펴낸 책이다.

이 가운데 『상례비요』와 『사례편람』에는 회묘와 관련된 상장 절차와 축조 방식에 대한 기록이 남아 있다. 물론 이 기록들은 『가례』에 실린 내용을 거의 그대로 따르고 있는데, 『가례』에는 삼물三物, 즉 석회와 모래, 황토를 일정 비율로 섞어 반죽한 것으로 곽을 만들면 돌처럼 단단해져 추후 풀뿌리나 벌레, 도적이 시신을 훼손할 수 없게 한다는 내용을 담고 있다. 여기서 알 수 있듯이 회묘는 시신이 식물뿌리나 벌레를 비롯한 대상에 의해 자연스럽게 분해되는 것을 막는다. 이는 무덤 외부를 돌처럼

7-1. 진관동 유적에서 확인된 토광묘와 회묘. 이렇게 사람뼈를 최대한 노출한 후 매장 자세를
확인하고 이후 뼈대를 수습하게 된다.

단단하게 만들어 관 내부로 무언가가 들어갈 수 없도록 하기 때문에 그렇다.

이렇게 단단하게 만든 무덤이기에 도굴은 그야말로 언감생심이다. 조선시대 왕릉이 거의 도굴되지 않은 이유도 삼물로 석실 주변을 1미터 넘게 둘렀기 때문이다. 고고 유적에서 회묘를 발굴할 때에도 사람의 힘으로 묘의 상부를 걷어내는 것은 불가능에 가까우므로 대개는 곡괭이나 중장비를 이용한다. 당시 사람들은 이렇게 무덤을 자연이나 사람이 해치지 못하게 함으로써 조상에 대한 효를 실천한다고 생각했던 것 같다.

회묘와 관련된 기록은 『조선왕조실록』에도 남아 있는데 여기에 회의 가치가 여러 번 언급되어 있다. 태종 8년 7월 9일 상서문에 "석회는 모래를 얻으면 단단해지고, 흙을 얻으면 들러붙어서, 여러 해가 되면 굳어져서 전석塼石이 되어, 땅강아지, 개미 그리고 도적이 모두 가까이 오지 못한다"고 하였고, 태종 12년 5월에는 "석회의 용도가 넓다. … 분묘를 만드는 데는 긴절하다"며 장인을 보내 넉넉한지 확인하라는 임금의 명도 있다. 또 회는 당시 개인이 거래할 수 없었고 공신에게 하사품으로 내린다고 기록되어 있다. 즉 대신이 사망했을 때 호조戶曹에서 회를 부의품으로 지급했으며, 그 양을 품계에 따라 차등 지급했다는 내용이 남아 있다(홍지윤, 2012). 그러니 회로 무덤을 만들 수 있었던 사람들은 그렇지 못한 사람들에 비해 사회경제적 지위가 높았을 가능성이 크다. 회를 어떻게 구할 수 있었는지를 따져보면 이 재료로 무덤을 만든 사람들이 당시에 어떤 신분의 사람들이었을지 짐작이 된다.

'회'는 자연에서 얻어지는 재료이긴 하나 누구나 쉽게 구할 수 있는 재료는 아니었다. 회를 얻기 위해서는 석회석을 캔 후에 그 돌을 구워 가루를 내거나 굴 껍질을 모아 불에 구운 후 빻아야 했다. 무덤을 만들 정도의 횟가루를 얻으려면 둘 중 어느 방법도 호락호락하지 않다. 이를 해결하기 위해 조선시대에는 석회만 전문으로 제작하는 가마터가 존재했다. 특히나 왕릉과 사대부의 무덤을 제작할 때에는 어마어마한 양의 석회가 필요했을 것이다. 조선시대 양반가의 무덤 가운데 최근 이장이 이루어진 사례 중에는 무덤의 상부를 이루는 회벽의 두께가 1미터에 가까운 경우도 있었으니 회가 얼마나 많이 필요했을지 짐작할 수 있다.

조선시대 석회 가마터의 존재는 문헌 기록으로도 확인되지만 고고 유적에서도 확인된다. 발굴조사를 통해 이른바 석회 가마가 확인되었는데, 이러한 가마의 존재로 조선시대에 석회 수요를 어떻게 감당했는지

7-2. 회묘의 덮개 부분(천회)을 거의 걷어낸 모습으로 윗부분에 남아 있는 회벽 두께가 어마어마하다.

어느 정도 이해할 수 있다. 문헌에는 『세종실록지리지』와 『동국여지승람』에 석회 산지가 기록되어 있고, 고고 유적으로는 경기 지역과 충청 지역에서 석회 가마가 확인된 바 있다.

부유한 집안에서는 장례용 회를 구입하거나 사람을 시켜 미리 직접 만들어둘 수도 있었겠지만, 늘 먹고사느라 바빴을 서민들에게는 엄두가 나지 않을 일이었다. 설사 회를 구한다 해도 무덤의 재료로 사용하는 방법 또한 쉽지 않았다. 조선 전기와 후기의 무덤 치장 절차를 기록한 대표적인 서적 『국조오례의』와 『사례편람』에는 회로 곽을 만드는 방법이 실려 있다.

이에 따르면 먼저 구덩이를 판 후에 숯가루를 바닥에 펴서 일정한 두께로 채우고 그 위에 석회와 가늘고 고운 모래, 황토를 섞어 일정한 두께로 채운다. 그 위에 목곽을 한가운데에 놓고 가장자리 네 곳부터 삼물을 채우고 가운데를 다시 채우는 식으로 열 번 가까이 반복한 다음 관 높이보다 삼물로 채운 벽의 높이가 높아졌을 때 이 과정을 멈춘다. 이렇게 회로 곽을 만들고 또 굳히기까지 시간이 걸리는데, 이때 조문이 이루어지므로 토광묘에 비해 회묘를 써서 장례를 치르면 장례 기간도 길어질 수밖에 없다. 그러니 여러모로 회묘는 먹고사는 데에 문제가 없는 사람들이나 택할 수 있는 묘제였다.

한편 형편이 되지 않아 회묘를 쓰고 싶어도 쓰지 못하는 사람들도 있었다. 고인의 시신이 훼손되지 않고 오래오래 잘 남도록 회묘를 쓰는 것이 당시에 효행으로 여겨졌다면 누군들 쓰고 싶지 않았겠나. 이렇게 마음은 굴뚝같지만 형편이 안 되니 소량의 회를 구해 관 주변을 채우는 것으로 위안을 삼았던 사람들도 있었다.

그 흔적이 진관동 유적에서도 확인되었다. 구덩이와 목관 사이의 공간을 회를 섞은 삼물로 빼곡하게 채우지 않고 드문드문 섞은 흔적이 일부 무덤에 남아 있었던 것이다. 회를 쓴 것도 안 쓴 것도 아닌 이런 흔적을 자세히 들여다보면 흙에 회가 조금씩 섞여 있다. 이런 식으로 관 주변부를 다 두른 경우도 있고 일부 벽에만 혹은 시신의 가슴 부분에만 올린 경우도 있다. 그러니 사실 회묘와 토광묘 사이에는 상당한 변이가 있는 셈이다.

일반적으로 토광묘는 평민의 묘제, 회묘는 사대부의 묘제로 언급되지만 이들 묘제의 계급 차를 다양한 지표로 검토해봐야 할 이유가 바로 여기에 있다. 실제로 토광묘에 매장된 집단과 회묘에 매장된 집단 사이에 신분 차가 분명히 있었다면 삶의 역사를 반영하는 그들의 뼈에도 그 흔적이 남아 있을 수 있다.

조선시대 사대부의 삶과 평민의 삶은 분명히 달랐으니 육체노동의 흔적이나 질병 양상과 같은 건강상의 패턴이 서로 다르게 나타날 가능성이 충분히 있다. 특히 노동과 관련된 육체적 행위는 사회적으로 구성될 수 있으며 그 결과가 뼈대에도 반영될 수 있다. 이에 대한 가능성을 뼈대 관절 부위에 남는 퇴행성 변화로 분석한 결과, 해당 연구에서는 묘제에 따른 차이가 확인되지 않았다(우은진 외, 2011).

한편 어릴 때 중한 병을 앓거나 영양실조를 겪을 때 나타나는 치아의 선형 에나멜형성부전증을 묘제별로 조사한 결과 토광묘에 묻힌 집단이 회묘 집단보다 이 증상의 빈도가 더 높았다(박순영 외, 2011). 이 밖에 생활수준의 차이를 반영하는 평균 키에 대한 연구도 이루어졌다. 진관동 유적의 경우, 회묘 집단의 남성 평균 키가 토광묘에서 출토된 남성 집단에 비해 약 1.5센티미터 정도 더 큰 것으로 나타났다(박순영, 2011).

회묘와 토광묘 집단이 섭취했던 식료의 종류와 비중의 차이를 검토하는 연구도 이루어졌다. 진관동 이외의 조선시대 사람뼈 집단을 대상으로 뼈에 남은 안정동위원소 값을 살펴본 결과 두 묘제에 묻힌 피장자 집단의 식생활 차이는 거의 없는 것으로 나타났다(신지영 외, 2015). 즉 토광묘에 묻힌 집단이든 회묘에 묻힌 집단이든 쌀을 포함한 주식이나 동물성 단백질의 섭취 비중이 별반 다르지 않았다는 것이다.

이처럼 조선시대 묘제가 피장자의 사회경제적 지위를 반영하는 지표로 해석될 수 있는지에 대해서는 앞으로 더 많은 지표로 연구가 계속 이루어져야 한다. 지금까지 조선 중후기의 사람뼈 집단을 대상으로 일부 연구가 이루어졌으나 일단 토광묘와 회묘를 딱 잘라 평민과 사대부를 대표하는 묘제로 보기는 어려울 것 같다. 반드시 사대부가 아니더라도 경제력이 어느 정도 되는 평민의 경우 시신을 훼손하지 않음으로써 효를 실천하기 위한 수단으로 회묘를 제작했을 가능성이 있으며, 회를 넉넉히 사용할 여력이 없더라도 최소한의 비용으로 최대의 효과를 얻기 위한 새로운 형식의 회묘를 고안해냈던 것 같다. 즉 소량의 회로 관 안팎을 일부 충전하거나 피장자의 신체 일부만 회로 덮는 형식이 바로 여기에 해당된다.

그러한 후손의 바람대로 회묘에 묻힌 피장자들은 수백 년 동안 썩지 않고 정말 잘 보존되었다. 진관동 유적에서 확인된 토광묘의 숫자는 회묘에 비해 압도적으로 많지만 뼈대가 잘 남아 있는 피장자는 회묘에서 훨씬 더 많이 출토되었다. 회묘에 묻힌 이들은 매장 후 아주 오래도록 부패되지 않고 있다가 후대에 뼈로 남았고, 토광묘에 묻힌 이들은 짧은 시간 내에 부패하고 분해되어 흔적도 없이 사라진 경우가 대부분이다. 어느 쪽이 후손의 바람과 더 맞닿아 있는지는 모르겠으나 현재는 대부분 이 회묘에서 나온 사람들의 뼈대를 이용해 조선시대 사람들의 삶을 복원하는 연구들이 이루어지고 있다.

회묘의 전통은 조선시대 이래 비교적 최근까지도 이어져, 묘를 이장하는 과정에서 의도치 않게 미라가 된 고인의 모습이 가끔 확인되기도 한다. 해충이나 식물뿌리가 무덤 벽을 뚫지 못하고 자연적으로 미라가 됐으니 후손들의 바람이 아주 단단히 이루어졌다고 보아야 할지 모르겠다.

제8장 사라진 아이들

_____김해 유하리 패총 유적의 아이

과거 사회의 공동묘지에서 수습한 사람뼈를 연구하다보면 아이들의 뼈가 아주 적다는 걸 알게 된다. 특히 조선시대 분묘 유적에는 열 살 미만의 아이 뼈가 거의 없다고 봐도 무방할 정도다. 상황이 이렇다면 고고 유적에 남아 있는 사람들의 뼈가 과거에 살았던 실제 생활인구의 분포를 제대로 반영한다고 할 수 있을까 하는 의구심이 든다.

과거에 살았던 집단이 고스란히 유적으로 남아 연구에 이용된다면 이상적이겠지만 실제는 그렇지 않다. 생활인구의 일부가 고고 유적에서 수습되고 뼈 시료로 이용되기까지는 여러 과정이 개입된다. 이 여러 단계의 과정을 거치는 동안 자연히 다양한 요인들의 영향을 받을 수밖에 없다. 구체적으로 시신을 어떤 방법으로 어떻게 매장했는지, 매장 이후의 환경은 어떠했는지, 연구자가 어떤 방법으로 뼈대를 수습했는지 등의 다양한 요소들이 과정에 개입된다.

특히 성장이 아직 진행 중인 아이들의 뼈는 어른의 뼈보다 작고 겉질뼈의 두께 역시 얇다. 그러니 같은 환경에 묻혔다면 어른에 비해 아이의 뼈가 훨씬 더 빠르게 분해될 수밖에 없다. 이는 뼈의 속성에서 기인하는 결과지만 문화적인 요인에 의해서도 결과는 달라질 수 있다. 즉 아이의 시신을 매장하는 장소와 방법 자체가 어른의 경우와 달랐다면 이 역시도 편향적인 결과를 초래할 수 있다.

이러한 요인들을 고려하면 연구자가 분석하는 뼈 시료가 실제 인구집단의 특성을 그대로 반영한다고 보기 어렵다. 오히려 편향된 구조나 특성을 보일 가능성이 늘 잠재되어 있어서 가능한 한 여러 가지 방법을 동원해야 한다. 현재 남아 있는 자료를 끊임없이 의심하면서 과거 집단이 갖는 특성을 최대한 신뢰할 수 있게 해석해야 하는 것이다.

아이의 죽음을 처리하는 방식에는 과거의 사상, 전통관습, 종교 등이 영향을 미쳐왔다. 이러한 요인들로 인해 많은 사회에서 아이를 어른과 동일한 방식으로 장례지내거나 매장하지 않았다. 통과의례를 다 치르지 못한, 성인이 못 된 아이의 죽음은 정상적인 죽음과 대비되는 비정상적인 죽음으로 간주되었다. 이러한 맥락에서 일찍 죽은 아이를 가족의 일원으로 보지 않았으므로 주검 역시 선산이나 공동묘지에 매장하지 않는 경우가 많았다. 일제 강점기에도 조선인들은 일본인이 만든 묘지 규칙으로 인해 선산이 없으면 누구나 공동묘지에 매장되어야 했지만, 아이의 주검만은 공동묘지에 매장하는 것을 꺼렸다(료헤이, 2000).

또 조선시대에는 아이가 죽으면 대개 관도 사용하지 않고 이불에 싸거나 옹기 혹은 단지에 넣어 산속이나 공동묘지 부근에 묻었다. 그렇게 만들어진 아이들의 무덤을 '아기총', '애총' 등으로 불렀으며, 현재의 애고개(아현阿峴)가 조선시대에 죽은 아이를 매장하던 언덕이라는 유래를 갖는 것도 바로 여기에서 출발한다. 이 밖에도 죽은 아이의 영혼이 밖으로 나와 나쁜 귀신이 되는 것을 막기 위해 시신을 묻은 후 크고 작은 돌들을 모아 덮어두기도 했다.

재미있는 건 해외의 경우도 고고학적으로 밝혀진 내용을 보면 우리와 크게 다르지 않다는 사실이다. 초기 스키타이 문화에서는 아이들의 무덤을 어른들의 매장지 주변에 만드는 관습이 있었고, 로마시대 골족은 성인이 죽으면 화장했지만 아이는 사유지에 매장하는 풍습이 있었다. 또 아이의 무덤에서 사악한 영혼이 나오는 것을 막기 위해 특별한 물품을 부장하는 경우도 있었다. 이러한 사례들을 보면 일찍 죽은 아이에 대한 복잡한 감정이 매장 문화에 잘 섞여 있는 듯하다.

또 어른의 매장과 비교하면 아이의 무덤에 들인 노력과 에너지는 보잘것없는 경우가 많았으며, 특히 이런 경향은 부장품의 규모에서 잘 드러난다. 즉 아이의 무덤에는 부장품이 적거나 아예 없는 경우가 대부분이었다. 다만 예외적으로 청소년기에 이른 아이의 무덤에는 성인과 비슷한 양상의 물품을 부장한 사례들도 확인된다. 이를 통해 뼈대의 발달단계로 보면 다 자란 성인과 구분되는 청소년들이 당시 사회에서는 이미 성인과 같은 역할을 했던 존재였음을 알 수 있다.

조선시대에도 10대 후반은 이미 성인으로 인정되었다. 남성은 16세가 넘으면 장정으로 국가에서 부과하는 역을 담당해야 했고, 지금의 성인식이라 할 수 있는 관례와 계례도 대개 16세 무렵 이루어졌다. 또 조선시대 중후기 양반가의 혼서婚書를 분석한 내용에 따르면 10대 후반에 혼인이 이루어지는 경우가 다반사였으니 조선시대의 10대를 지금과 같은 아이로 볼 수는 없다. 뼈대 발달단계로 보면 아직 성숙이 다 이루어지지 않은 나이지만 당시 사회에서는 10대 후반의 청소년이 아이로 여겨지지는 않았다.

이렇게 뼈대 성숙의 나이는 당시 사회와 문화에서 정의했던 아동 혹은 아동기의 개념과 일치하지 않는다. 따라서 뼈대의 발달과정을 토대로 연대기적 연령chronological age을 추정해 전체 생애기간 중 어느 시기에 해당하는지를 파악하는 것 외에 당시 사회에서 해당 연령에 속하는 생애단계가 어떤 의미를 가졌는지도 고민이 필요하다. 다만 뼈 연구자들은 연구상의 편의를 위해 아이의 발달단계를 일반적으로 유아infant는 3세까지, 아동child은 4세에서 12세까지, 청소년juvenile은 13세에서 18세까지로 범주화한다.

아이들의 흔적을 고고 유적에서 찾고자 하는 노력은 1990년대부터 본격적으로 이루어졌다. 사실 그 이전까지는 어른의 세상과 관점을 중심으로 분묘에 남은 흔적들이 검토되었고, 아이는 완성되지 않은 존재로 간주되어 그들의 매장 맥락 역시 과소평가되었다. 그러나 1980년대부터 서구 학계는 사회구조의 복원이라는 주제에서 조금씩 벗어나 그러한 사회구조를 만든 구성원들에 좀더 관심을 쏟기 시작했다. 분묘 역시 사회구조가 반영된 구조물이긴 하지만 그 안의 사람들에 더 집중하게 되었다.

구체적으로는 문화 안에서 구성원들의 사회적 성별과 다양한 정체성을 복원하는 데에 집중하면서 분묘 내에 아이들과 연관된 매장의 맥락도 함께 고려하게 되었다. 더불어 지난 몇십 년간 아이들의 성별과 연령을 추정하는 방법들이 더 정교해졌고, 이를 바탕으로 그들이 과거에 경험했던 생리적 스트레스와 질병 상태, 외상에 대한 연구들이 이전보다 더욱 진전되었다.

하지만 이러한 흐름은 어디까지나 해외 학계의 현실일 뿐이고 국내의 현실은 또 다르다. 국내 분묘 유적에서 아이의 뼈는 너무나 드물게 확인된다. 서울 은평구 진관동 유적에서 만났던 아이들의 뼈 역시 어른에 비하면 극소수다. 진관동 유적에서 수습되어 현재 서울대학교 인류학과 생물인류학 실험실에 소장되어 있는 198명의 뼈대 중 10대는 열두 명에 불과하다. 이들은 모두 15세 전후로 추정되었으며 열 살 미만의 아이는 아예 없었다. 또 이들이 매장된 분묘 역시 성인의 분묘와 다른 점이 없었다. 따라서 진관동 유적에 남아 있는 조선시대의 10대 열두 명은 이미 아동기라는 생애사적 과정을 지나 성인기로 접어들었다고 판단된다.

이 밖에 진관동 유적에서는 예외적으로 출산이 임박한 태아 한 개체가 여성과 함께 확인되었다. 뼈대 길이를 통해 태아는 8.5~9.5개월 사이로 추정되었고, 조산 혹은 다른 건강상의 이유로 산모와 태아가 함께 사망하여 매장된 사례로 파악되었다(우은진, 전채린, 2019). 이처럼 출산이 성공적으로 이루어지지 못해 고고 유적에서 산모와 함께 태아 뼈가 확인되는 사례는 극히 드물다. 진관동 이외 국내 유적에서는 초기 철기시대 사천 늑도 유적과 삼국시대 경남 임당 유적에서 출산 중 죽은 태아의 뼈가 확인된 바 있다.

이렇게 조선시대 아이의 뼈는 대개 성인 분묘 내에서 아주 드문드문 확인되어 아주 없는 것은 아닌 정도로만 출토된다. 조선시대 아이 뼈가 이렇게 귀하다면 조선시대 이전의 유적에서는 아이 뼈를 보기가 더 힘들지 않을까? 다행스럽게도 시대가 올라갈수록 아이의 뼈가 더 희소해지지는 않았다.

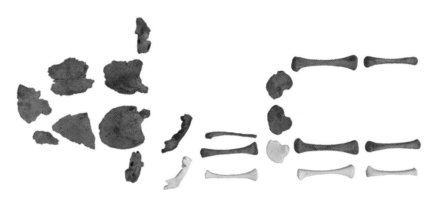

8-1. 진관동 유적에서 수습된 태아의 뼈대. 태아의 크기를 토대로 월령을 파악하기 위해 8개월 된 태아뼈 모형(흰색)을 놓고 비교한 결과, 진관동 유적의 태아 뼈대가 더 크다는 사실을 확인할 수 있었다.

그 예로 국내 유일한 사례이긴 하지만 성인보다 아이 뼈가 더 많이 출토된 유적도 있다. 2011년 처음 조사된 제주도 금성리 유적에서는 토광묘 25기 내에서 돌이 갓 지난 아이를 포함해 영유아 어린이 21명의 뼈대가 어른 네 명의 뼈대와 함께 출토되었다. 이 유적은 고려시대 말에서 조선시대 초 무렵 해안 사구층에 조성된 분묘 유적으로, 그 일부가 두 차례에 걸쳐 발굴되었다. 유적에서 수습된 뼈대를 토대로 이들이 가족인지 아닌지를 알아보기 위해 미토콘드리아 유전자 분석이 이루어졌으나 현재까지 친연관계는 확인되지 않았다. 그러니 전염병이나 기근으로 사망한 사람들을 집단으로 매장했던 것이 아닐까 추정될 뿐이다(제주금성리분묘1, 2013).

제주도에서는 아이가 죽었을 때 '아기구덕'이라 부르는 대나무 요람에 시신을 넣고 산으로 가 매장한 다음 아기구덕은 태우고 내려오는 풍습이 있는데, 이때 무덤의 봉분은 거의 만들지 않거나 가끔 아주 작게 만든다(김유정, 손명철, 2007). 그러니 시간이 지나면 봉분은 사라지고 아이를 묻은 자리가 무덤이었는지조차 알기 어려워진다. 하물며 금성리의 분묘들은 모래층에 만들어졌으니 처음부터 분묘의 존재가 쉬이 잊히기를 원했던 것은 아닐까 싶다. 일찍 죽은 아이를 빨리 잊어야 살아남은 아이들과 또 살아갈 수 있었을 테니 말이다.

굴 껍질을 비롯한 패각층에 아이의 몸을 곧게 펴 묻은 경우도 있었다. 삼국시대 김해 유하리 패총 유적에서 확인된 사례는 조개더미를 이용해 아이를 묻은 후 다시 패각을 덮은 모습이다. 수습된 아이의 뼈는 서너 살 아이의 발달 상태를 보였다. 어떤 사연으로 조개더미에 묻혔는지는 알 수 없으나 유치 아래에서 자라고 있던 영구치 치아머리에 에나멜상의 결함이 있는 것으로 봐서 아이의 건강 상태가 좋지 않았던 것으로 보인다.

유하 패총 외에 삼국시대 분묘에는 아이 뼈가 꽤 남아 있는 유적들이 몇몇 있다. 삼국시대 김해 예안리 유적과 경산 임당 유적에서는 전체 사람뼈 집단 내 약 20퍼센트(예안리는 138명 중 30명, 임당은 259명 중 51명)가 아이였다. 또 남해안에 위치한 초기 철기시대 사천 늑도 유적에서 수습된 64명의 뼈대 중에는 18명이 아이로 분석되었다. 늑도 유적에서 수습된 전체 161명의 사람뼈는 몇 개 기관에 나누어 소장되어 있는데, 64명은 그중 현재 부산대학교 박물관에 소장되어 있는 자료다.

이 유적들의 상황을 보면 조선시대처럼 아이를 별도의 구역에 따로 매장하지 않았다. 다만 아이의 경우는 옹관묘에 주로 묻었으며, 여기에는 태아는 물론 갓난아이도 포함되었다. 성인과 아이의 묘역을 따로 구분하지 않은 건 신석기시대에도 마찬가지였던 것 같다. 국내 최대 규모

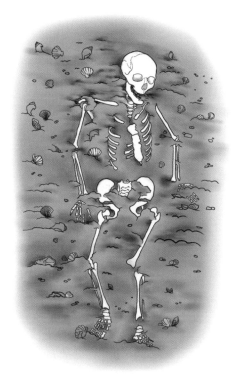

8-2. 김해 유하리 패총 유적에 서 확인된 아이 무덤은 조개더 미를 이용해 시신을 묻은 후 다 시 패각을 덮은 모습이었다.

의 신석기시대 집단묘역인 가덕도 장항 유적에서 수습된 48명에 달하 는 사람뼈 중에는 아이 열 명의 뼈대가 포함되어 있다. 그러니 고고 유 적에서 아이들이 사라지다시피 한 건 길게 봐서는 그리 오래된 일은 아 니다.

전염병 예방을 위한 백신이 없던 시절에는 아이들이 참 많이도 죽 었다. 그러니 아이가 태어났다고 해서 곧장 출생신고를 하지도 않았고, 길게는 몇 해를 지켜보는 경우도 있지 않았겠나. 과거에 비하면 아동사 망률이 크게 감소했지만 현재에도 여전히 매일 많은 아이들이 예방 가 능한 질환으로 목숨을 잃는다. 2020년 국가통계포털 기준으로 전 세계

출산 1000건당 5세 미만 영아사망률은 29.3명이며, 우리나라는 2.1명이고, 북한은 우리보다 여섯 배쯤 높다.

당연히 근대 이전의 상황은 이보다 훨씬 더 나빴다. 산업화 이전까지 아이 셋을 낳으면 그중 한 명은 다섯 살이 되기 전에 죽었고, 넷을 낳으면 한 명은 첫돌도 되지 못해 죽었다. 이처럼 과거에는 다섯 살이 채 되기 전 많은 아이들이 죽었지만 고고 유적에는 다섯 살 미만 아이들의 뼈가 거의 없다. 국내의 경우는 몇몇 남아 있는 유적에서도 연구가 거의 이루어지지 않아 현재 아이들은 고고학적 기록으로는 거의 보이지 않는 존재에 가깝다.

무릇 죽음과 장례가 어른들의 이야기만은 아니다. 과거로 갈수록 때 이른 죽음을 맞을 수밖에 없었던 아이들이 더 많았고, 왜 그 아이들이 세상을 떠날 수밖에 없었는지는 아이들의 뼈가 일부 답을 줄 수 있다. 또 아이들의 분묘와 그들의 뼈는 과거의 어른들이 적절한 때를 맞지 못하고 빨리 가버린 아이의 죽음을 어떻게 처리했는지 검토할 수 있게 한다. 그 속에서 아이를 묻었던 어른의 마음과 세계를 이해할 수 있을 것이다. 애도의 모습은 사회마다 달랐을지라도 어린아이의 죽음을 애달파하는 어른의 마음은 크게 다르지 않았으리라.

제9장 뼈로 복원하는 집단의 평균 키

___사람 키를 추정하려면 따져야 할 게 많다

키란 뭘까? 누군가에게는 깔창의 힘을 빌려서라도 높아지고 싶은 자존심이고, 누군가에게는 외모나 재력보다 더 중시되는 이성의 조건이기도하다. 또 요즘은 어릴 때부터 조금이라도 키를 더 키울 수 있다는 식의 정보에 온 사회가 관심을 쏟고 있기도 하다. 키가 대체 뭐길래. 건조하게 말하자면 키는 개인을 식별하고 특정할 수 있게 하는 대표적인 생물적 속성 중 하나다. 연예인의 프로필에도 등장하고 범인을 찾는 몽타주에도 포함되어 개인의 특성을 대변하고 특정할 수 있게 해준다.

일단 키는 수치로 간단히 표현되는 정보로서 어디에든 그 수치가 쉽게 포함될 수 있다. 하지만 이 수치를 받아들이는 과정은 그리 간단치가 않은데 거기에는 다양한 요인이 영향을 미치기 때문에 그렇다. 먼저 어떤 자세로 혹은 어떤 상태로 측정되었는지에 따라 그 수치가 달라질 수 있다.

십수 년쯤 전 '롱다리'와 '숏다리'라는 단어가 유행하던 시절, 신체검

사장의 앉은키 측정 현장에서는 제대로 재려는 선생님과 최대한 몸을 구부려 앉은키를 줄이려는 학생들 사이에 신경전이 팽팽했다. 심지어 원래 몸이 이렇게 구부정하다는 핑계까지 대며 '숏다리'라는 오명을 피하기 위한 실랑이를 벌이기도 했다. 이렇게 산 사람의 키는 측정하는 과정에서 왜곡이 발생하기도 한다.

또 하루 중 언제 측정되었는지에 따라서도 키는 다른 수치를 보일 수 있다. 보고에 따르면 심한 경우 2센티미터 넘게 차이가 나기도 한다. 오죽하면 정형외과 의사가 나서서 연골의 탄력이 가장 잘 회복된 때가 오전 열 시이니 이때 잰 키가 진짜 자신의 키라는 설명까지 붙였겠나. 이밖에 생애 어느 시기에 키를 측정했는지에 따라서도 수치는 달라진다. 연구에 따르면 30세 이후 우리 키는 매년 일정한 비율로 줄어든다. 이렇게 보면 키는 결코 고정된 수치일 수 없다.

그렇다면 내가 아는 내 키는 대체 뭐란 말인가? 이 대목에서 허무와 배신이 밀려올지 모른다. 하지만 실제 내가 알고 있는 키가 실측 후 달라질 때도 있으니 스스로도 자신이 아는 키가 정확하다고 확신할 수 없다. 더군다나 살면서 매일매일 키를 재는 것도 아니니 오래전에 키를 쟀다면 최근에 새로 측정한 키는 전에 잰 값과 다를 수 있다.

심지어 키는 사망 후에도 변할 수 있다. 사람이 죽었는데 키가 변하다니 이게 무슨 조화인가 싶겠지만 살아 있을 때 S자를 유지했던 등뼈가 펴지면서 생전보다 오히려 더 커지는 변화가 일어난다. 따라서 시신을 대상으로 키를 측정하면 생전의 키보다 더 큰 수치를 얻게 된다. 하지만 고고 유적에서 출토된 사람의 뼈는 이와 상황이 또 다르다. 이른바 마른 뼈는 오랫동안 백골화된 상태였기에 생전의 키 정보를 제대로 얻기 위해서는 뼈대가 수축되는 현상을 고려하여 다시 특별한 보정계수를 적용해야 한다.

이쯤 되면 '키'라는 수치가 유동적인 것은 물론 제대로 측정하는 것도 참 어렵겠다는 생각이 절로 든다. 설상가상으로 키를 보고하는 과정에도 왜곡이 발생한다. 여성보다는 남성이, 키가 큰 사람보다는 작은 사람이 자신의 키를 대체로 더 크게 보고하는 경향이 있다고 한다. 그러니 상대가 말하는 키를 무조건 신뢰할 수도 없다.

제시된 키 정보를 무조건 신뢰할 수는 없다는 것은 키가 중요한 정보로 다루어지는 상황이나 분야에서는 고민거리가 된다. 예를 들어 범죄 현장이나 재난 현장에서 발견된 시신이 특정인으로 추정되는데 과연 그 사람이 맞는지 아닌지를 확인하고자 할 때, 키 정보는 매우 중요하다. 그런데 여기저기에 기록된 생전의 키가 제각각이라면 어떤 정보를 신뢰해야 할까? 이 문제를 고민하다가 미국에서는 운전면허증에 기재된 키 정보를 신뢰하고 신원 확인에 이용하자고 연구자들끼리 합의를 보기도 했다.

이처럼 키는 명확한 수치인 듯 보이지만 그렇지 않다. 또 산 사람의 키도 고고 유적에서 수습된 옛사람의 키도, 제대로 측정하는 과정부터 만만치가 않다. 하물며 사망 후 수많은 시간이 흐른 뒤 연구자에 의해 발굴된 사람의 키를 어떻게 정확히 측정할 수 있을까? 고려해야 할 사항이 한두 가지가 아닐 수밖에. 그러니 연구자들은 가장 신뢰할 수 있는 키 정보를 얻기 위해 지금까지 수많은 고민을 거듭해오고 있다. 유적에서 출토된 사람의 생전 키를 신뢰할 만한 수준으로 복원하기 위해서는 제대로 된 방법을 이용해야 하기에 키 연구자들은 키를 추정하는 공식을 그야말로 자~알 만들어내기 위해 불철주야 고민하고 또 고민한다. 구체적으로 어떤 뼈대를 이용해서 추정공식을 만들어낼지, 어떤 집단을 대상으로 방법을 개발해낼지, 신뢰할 만한 키 수치를 얻기 위해 통계분석은 어떤 식으로 진행할지 등등 뼈대를 이용해 키를 추정하는 공식을 만들 때에는 수많은 사항들이 고려되고 계산되어야 한다.

고정되지 않은 수치인 키를 제대로 측정하려면 일단 여러 가지 고민을 해야 한다. 그중 가장 중요한 질문은 키를 알고자 하는 이유다. 키 정보를 이용해 어떤 것을 파악하고자 하느냐에 따라 복원해야 하는 키의 성격이 달라진다. 즉 생전 최고의 키 정보를 알고자 하는지, 사망 무렵의 키 정보를 파악하고자 하는지를 구분해야 한다. 생전 최고의 키는 평생 살면서 최고치에 달하는 키 수치를 말하기 때문에 노화과정에서 일어나는 키 감소는 전혀 고려되지 않는다.

일반적으로 법의인류학자들은 사망 무렵의 키를 알고자 하지만 인골 고고학, 생물인류학, 경제사학 분야의 연구자들은 생전 최고의 키를 알고자 한다. 전자는 사망자의 신원을 확인하기 위한 목적인 반면 후자는 사회경제적 혹은 생물·문화적 지표로서 주로 과거 집단의 평균 키 추이와 집단 내 평균 키 양상을 파악하기 위한 목적으로 이용된다.

이쯤에서 다시 처음 질문으로 돌아가보자. 도대체 키가 뭐길래 위에서 언급한 수많은 함정과 한계를 고려하고 극복하면서까지 고고 유적에서 출토된 사람들의 뼈를 이용해 키를 복원해야 하는 걸까? 한 사람의 키는 유전적 소인과 환경적 영향이 더해진 상호작용의 결과물이지만, 개인들의 키 수치가 모여 집단에 대한 정보가 되면 이 양적 변이에 대한 자료는 성격이 달라진다.

구체적으로 집단의 평균 키는 해당 집단의 생활수준을 민감하게 반영한다고 알려져 있다. 따라서 평균 키의 변화를 살펴보면 집단의 평균적인 생활수준이 어떻게 변해왔는지를 추적할 수 있다. 일제 강점기 조선인의 평균 키가 이전보다 감소하였고, 현재 남북한 사람들의 평균 키 또한 차이를 보이는 이유가 바로 여기에 있다. 영양 상태를 비롯한 생활여건이 하락 혹은 개선되면 이에 따라 집단의 평균 키도 변화를 보인다.

이처럼 집단의 평균 키는 사회적 변화와 밀접하게 관련되어 있으며, 때로 기록이 없는 과거 사회에 대한 막연한 추측도 재평가할 수 있다. 대표적으로 사람들이 농사를 짓기 시작하면서 먹을거리를 안정적으로 확보해 집단의 평균 키가 커졌을 거라는 추측에 대해서도, 사람뼈 집단의 평균 키로 분석해보니 맞지 않는 얘기라는 것이 밝혀졌다. 농경 이후 사람들의 건강 상태는 수렵채집을 하며 살던 집단보다 오히려 더 악화된 사례들이 많았으며, 평균 키 역시 오히려 감소했다는 보고가 여러 연구에서 나타났다.

평균 키의 증가는 대부분의 사회에서 근대화·산업화 과정과 맞물려 나타난다. 하지만 이와 관련해 안타깝게도 과거 사회 한국인 집단의 평균 키 추이를 살펴볼 수 있는 자료는 거의 전무하다. 역사시대 한국인의 키를 추정할 수 있는 자료로는 조선시대 군적 및 검안 관련 문헌 일부와 구한말 서양인이 측정하여 보고한 몇몇 사례, 일제 강점기 일본인이 남긴 자료 일부가 있을 뿐이다. 이렇게 문헌에 기록되지 않은 옛사람들의 평균 키 정보는 오직 과거 집단의 뼈대 분석을 통해서만 가능하다.

일단 구한말 서양인과 일본인이 측정하여 보고한 자료의 출판 시기를 감안하면 당시에 키가 측정된 조선인은 주로 1800년대 중반 무렵부터

1900년 전후에 태어난 평민 남성일 가능성이 높다. 이들 자료에 따르면 당시 조선인의 평균 키는 162~164센티미터 정도이며, 예외적으로 함경도를 비롯한 북쪽 지역의 사람들이 165센티미터를 살짝 넘기는 정도로 다른 지역 사람들보다 더 컸다는 사실을 알 수 있다(박순영, 2011).

전미경제학회에서 발간한 학술지 『아메리칸 이코노믹 리뷰』에는 19세기 중반에 태어난 몇몇 나라 군인들의 평균 키가 보고되었는데, 당시 평균 키가 가장 큰 나라는 오스트레일리아로 172센티미터이고 현재 세계에서 평균 키가 가장 큰 나라인 네덜란드의 경우 조선시대 사람들과 유사한 164센티미터에 불과하다(Steckel, Prince, 2001). 그러니까 약 170년 전에는 조선인이나 네덜란드인이나 키가 고만고만했다는 소리다. 이후 현대 네덜란드 사람들의 평균 키가 무려 10센티미터나 증가한 이유는 생활여건이 개선되어 그들이 가지고 있었던 유전적 잠재력이 충분히 발현되었기 때문으로 짐작된다.

세계 각지의 고고 유적에서 출토된 사람뼈를 이용해 집단의 평균 키가 어떻게 변해왔는지를 연구한 바에 따르면 각 나라마다 근대화에 부합하는 변화가 나타나면서 키도 급성장하는 변화를 보였다. 다만 시기적으로는 차이를 보이는데, 19세기 초반 유럽 국가들의 평균 키가 크게 증가하는 경향을 보이는 반면 우리의 경우 19세기 중반 이후에야 그러한 급성장의 변화가 나타난다. 즉 개항 이후 신분의 경계가 허물어지고 서구의학이 도입되면서 사회경제적 여건이 크게 변했던 시기와 평균 키 증가라는 변화가 맞물려 일어난 것으로 해석된다.

문헌으로 검토된 조선시대 사람의 평균 키는 조선시대 분묘에서 출토된 뼈대를 이용해 성인 남성 평균 키를 추정한 연구결과와 유사하다. 조

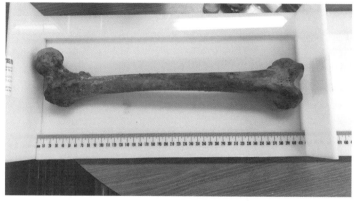

9-1. 키 추정에 이용되는 온전한 넙다리뼈. 상단의 사진에서처럼 위아래 뼈끝이 온전하게 남아 있으면 장골측정판을 이용해 아래 사진처럼 넙다리뼈의 최대길이를 측정한다.

선시대 성인 남성 넙다리뼈 141개를 대상으로 한 연구에서는 성인 남성 집단의 평균 키가 164.49센티미터로 보고되었다(박순영, 2011). 하지만 다른 연구에서는 조선시대 집단의 평균 키가 다르게 보고되었다. 조선 중후기 서울과 경기 일대 회묘에서 출토된 116명의 사람뼈를 대상으로 한 연구에서는 남성의 평균 키는 161.1센티미터, 여성은 148.9센티미터로 추정되었다(Shin 등, 2012).

이렇게 결과가 다른 이유는 일단 연구에 이용된 사람들이 달랐기 때문일 수도 있지만 서로 다른 키 추정 공식을 연구에 적용했기 때문이기도 하다. 분석 대상 내에 유난히 기골이 장대한 사람이 많이 포함되었거나 그 반대의 사람들이 많았다면 결과가 서로 상이할 수 있다. 공식의 경우 전자의 연구에는 6·25전쟁 시 사망한 아시아인들을 대상으로 개발된 공식(Trotter, Gleser, 1958)이 이용되었고, 후자의 연구에는 도쿄대학과 준텐도順天堂대학의 현대 일본인 해부 시신을 대상으로 만들어진 공식(Fujii, 1960)이 적용되었다. 여기에서 공식이란 키와 상관관계가 높은 특정 뼈대의 길이를 토대로 키와 뼈대 길이 간의 상관관계를 수학적으로 알아낸 후 그 상관계수를 토대로 도출해낸 회귀방정식을 말한다.

다른 공식을 적용했을 때 다른 결과가 나오는 상황은 어느 공식을 적용한 결과를 더 신뢰해야 할지 혼란스럽게 한다. 6·25 전사자 집단을 대상으로 한 공식을 한국인 집단에 적용하면 실제보다 키를 더 크게 추정하는 경향이 있다고 보고된 바 있다. 하지만 현대 일본인 해부 시신을 대상으로 만들어진 공식의 경우, 한국인 집단의 뼈대에 적용했을 때 어느 방향으로 오차가 얼마나 발생하는지에 대한 연구가 구체적으로 이루어지지 않았다. 다만 아직까지는 고고 유적에서 출토된 사람의 뼈를 추정할 때 6·25 전사자 집단을 이용한 공식을 가장 빈번하게 활용하고 있다.

사실 가장 이상적인 방법은 조선시대 한국인을 대상으로 만든 공식을 사용하는 것이다. 하지만 그런 게 있을 리 만무하기에 연구대상과 가장 가까운 성격의 집단을 대상으로 개발된 공식을 이용하게 된다. 그러니 어떤 공식을 사용할 때는 어느 시대의 집단을 대상으로 만들어진 방법인지, 시신의 뼈를 직접 측정해서 만든 방법인지, 방사선 촬영 이미지를 이용한 방법인지 등등을 면밀히 검토한 후 사용해야 한다.

분묘 유적에서 반듯하게 매장된 사람뼈대를 수습하다보면 피장자의 키가 얼마나 될 것 같냐는 질문을 자주 받는다. 키란 결코 단순한 수치가 아니기에 질문은 단순하지만 답변은 결코 단순할 수 없다는 사실이 이제 잘 전해지지 않았을까 싶다.

제10장 뼈에 새겨진 자서전

_____하남시 감일동 유적의 조선시대 양반 부부

고고 유적에서 확인되는 대부분의 무덤은 이른바 '무연분묘'에 해당한다. 즉 누구의 무덤인지 모르고 시신과 관계있는 사람들의 관리도 이루어지지 않은 채 방치되는 무덤이다. 이 무덤을 열기 위해서는 '장사 등에 관한 법률'에 따라 3개월 전에 일간지나 관할 지자체 인터넷 홈페이지에 공고하여 후손이 남아 있는지를 확인해야 하며, 이 과정을 거쳐 법적으로 무덤 속의 주인공이 무연고 시신으로 간주되면 화장하도록 되어있다. 그러니 현재 내 실험실에 보관된 사람뼈는 무연고 시신임에도 불구하고 연구할 가치가 있다고 판단되어 화장 처리되지 않은 자료들이다.

이와 관련하여 2022년 초 새로운 법령이 개정되기 전까지 유적에서 나온 사람뼈는 모두 이런 과정으로 처리되었다. 아무리 오래된 분묘라도 후손이 없는 사람뼈는 법적으로 무연고 시신이라 현대인과 다를 바 없는 과정을 거쳤다. 뼈 연구자에게는 너무나 배려 없는 이 과정으로 인해 우리나라에서는 지금까지 많은 자료가 화장되어 사라질 수밖에 없었다. 그러다 2022년 초에 무덤 속의 사람뼈도 '중요출토자료'라는 이름으로 연구와 보관이 가능하도록 하는 법률 조항이 마련되었다. 드디어 유적에서 수습된 사람뼈도 다른 고고 자료와 마찬가지로 연구와 보관이 이루어질 수 있게 된 셈이다.

이제라도 다행히 연구와 보관의 길이 열리긴 했지만 그들이 무연고 시신이라는 사실만은 달라지지 않는다. 이름도 알지 못하고, 언제 태어나 어떤 삶을 살다가 간 사람인지 명확히 알 길 없는 이들의 시신임을 부정할 수 없다. 한때는 누군가의 가족이었겠지만 지금은 누구인지 알 길 없는 사람들인지라 연구실에서는 유적 이름 아래에 일련번호를 매겨서 개체마다 고유번호를 붙인다. 말하자면 이 번호가 이름 없는 이들의 이름이다.

그런데 조선시대 회묘 중에는 아주 가끔 묘비 또는 지석이 남아 있거나 천회天灰의 상부에 부착된 묘기에 주인공의 이름을 남겨둔 덕분에 피장자가 누구인지를 알 수 있는 사례가 있다. 이 경우 대개 무덤의 주인공은 사대부 양반이다. 이러한 사례들은 주로 후손에 의해 현재까지 무덤이 관리되다가 이장되는 경우에 보고되는데, 이때 분묘의 구조가 조사되어 보고되는 경우는 있어도 주인공의 뼈대까지 분석되는 경우는 거의 없다.

주인공이 누구인지를 알면 몇 년에 태어나 사망했는지를 알 수 있어 사망 당시 나이를 정확히 확인할 수 있고 생전에 어떤 직업을 갖고 어떻게 살았던 사람인지에 대한 정보를 토대로 그러한 삶의 궤적과 관련된 뼈대의 흔적을 면밀히 파악해낼 수 있다. 그러니 누구인지를 아는 것과 모르는 것은 천지 차이다. 뼈에 남은 흔적으로 생전의 역사를 더듬는 것과 이미 손에 쥔 정보를 바탕으로 사실을 대조하고 생의 흔적을 맞추어가는 과정은 차원이 다르기 때문이다.

지금껏 연구하면서 내가 만난 수많은 무덤 속의 주인공들 중에 개체의 고유번호가 아닌 생전의 이름으로 불리는 자료는 딱 하나다. 2018년 4월, 고려문화재연구원이 하남 감일 공공주택지구 문화재 발굴지역에서 확인한 회묘의 주인공들이 바로 여기에 해당한다. 발굴 당시에 회곽 14호(나중에 보고서 작업 중 30호로 변경됨)로 명명된 무덤을 열어 내부를 확인하자 묘기에 이름이 남아 있었다. 주인공은 1697년에 태어나 1753년에 사망한 것으로 알려진 김치만과 그 부인 풍산 홍씨였다.

김치만의 큰아들인 김종후(1721~80)가 쓴 문집인『곤암집』에 실린 행장에는 김치만을 경기도 광주에 위치한 조부 충헌공忠憲公(김구金構)의 묘 옆에 처음 매장했다는 기록이 나오는데, 이는 이들 부부의 묘가 발굴된 지금의 위치와는 분명 다르다. 그러니까 처음 광주에 매장했다가 나중에 하남으로 옮겨 면례緬禮를 했던 것으로 보인다. 면례는 무덤을 옮기는 의례로, 조선 후기 독자적으로 발달한 개장改葬 의례이며 처음에는 왕실 의례로 시작됐다가 이후 사대부 계층에도 수용되어 이 과정을 기록한 일기나 지침서가 기록으로 남아 있다.

김치만과 부인은 서로 연결된 두 개의 회곽에 각각 따로 묻혔으며 남편은 부인의 오른쪽에 묻혔고 왼쪽에는 부인인 홍씨가 묻혔다. 회곽의 전체 길이는 240미터에 달했고 부장된 유물은 없었다. 여기까지만 조사가 이루어졌다면 조선시대 여느 사대부의 무덤과 다를 바가 없었겠지만, 뼈로 남은 무덤의 주인공들은 후손들의 동의에 따라 학술연구 자료로 기증되어 현재에도 연구가 이루어지고 있다.

10-1. 김치만 부부묘의 발
굴 현장(상). 그 아래는 남편
(중)과 부인(하)의 묘

이렇게 뼈에 남은 흔적으로 개인의 병력은 물론 생애사를 복원하는 분야를 뼈전기학osteobiography이라고 한다. 개인의 개별적인 삶의 역사를 거시적 관점의 역사 과정 혹은 그 일부와 연결시킬 수 있다는 점에서 매력적인 분야다. 설사 뼈의 주인공을 분명하게 특정하지 못하더라도 뼈에 남은 흔적을 통해 특정 시기의 역사적 사건과 경험을 유추하고 그 시대를 살았던 이들의 삶을 짐작할 수 있게 한다.

이러한 성격의 연구사례 중 하나로 17세기 초 미국으로 건너간 영국의 초기 이주민들의 삶이 재조명된 '제임스타운 재발견 프로젝트'라는 이름의 연구를 꼽을 수 있다. 다양한 배경으로 런던을 떠나 장장 5개월에 걸친 긴 항해 끝에 도착한 버지니아에 그들 나라의 왕 이름을 딴 '제임스타운'이라는 정착마을을 개척해 살아간 초기 이주민들의 삶은 녹록지 않았다. 10대 소년, 갓 태어난 아기, 선장, 계약 노동자, 관리, 아프리카에서 온 노예 소녀 등 다양한 사람들의 뼈에 구루병이나 골다공증, 생전에 생긴 골절 등의 흔적이 남아 이들이 그곳에서 쉽지 않은 생의 과정을 보냈음을 알 수 있었다. 그 끝판왕은 2013년에 발표된 연구의 내용인데, 1609년과 1610년 사이 최악의 기아가 발생하면서 당시 집단 내 80퍼센트의 사람들이 죽었다고 한다. 일부 사람들이 인육이라도 먹으며 살아남기 위해 날카로운 도구로 타인의 근육을 떼어낸 흔적이 머리뼈와 아래턱, 정강뼈에서 확인되었다.

또 특별한 직업을 가졌으나 역사적으로 주목받지 못하여 어디에도 기록되지 못한 평범한 사람들의 삶도 뼈전기학적 관점에서 연구되었다. 예를 들어 중국 도자기가 중국 문명을 대표하는 물질문화임에도 불구하고 고대부터 이를 만들어낸 도공들은 대개 낮은 사회적 지위를 가진 사람들이었기에 이들의 삶에 대해서는 잘 알려진 바가 없었다. 그러나 수나라와 당나라에 걸쳐 가마터의 도공으로 살았던 이들의 삶도 뼈에는 기록되어 있다. 장시간 반복되는 육체노동의 고단함이 등뼈 변형을 비롯해 뼈대 곳곳에 흔적을 남겼고, 뼛속 콜라겐에 남아 있는 안정동위원소의 비중은 생애 전반기에 제대로 먹지 못하면서 이후 몇 차례 근거지를 옮겨다니며 불안정한 삶을 살았던 흔적을 보여주었다.

그렇다면 조선 후기 숙종과 영조 대에 살았던 김치만의 삶은 어떨까? 그의 집안은 대대로 우의정, 영의정, 좌의정을 지냈을 정도로 집안의 위세가 대단했던 조선시대 최고의 명문가였다. 역사 기록에 따르면, 이 청풍 김씨 집안은 영·정조 연간에 최고의 권력을 누렸다. 김치만 역시 어려서부터 총명하여 스물넷에 진사시에 장원으로 합격했다. 조선시대 진사시는 두 단계로 이루어졌는데 1차에 700명을 뽑고 2차로 최종 100명을 합격시켰다. 그러니 응시 인원의 규모가 상당했고 여기에서 5등 안에 들어야 장원이 될 수 있었다. 당시 진사의 평균 나이가 서른 남짓이었다고 하니 20대의 김치만은 분명 장래가 촉망되는 청년이었을 것이다.

그러나 젊은 시절의 영광에 비해 그가 제수받거나 임명되었던 관직은 화려함과는 거리가 영 멀다. 먼저 서른한 살에 강릉참봉, 서른여섯에 동몽교관에 제수되었고, 마흔 되던 해에 세자의 스승인 시직으로 임명된다. 참봉은 종9품 벼슬로 말단직에 속하며, 동몽교관 역시 어린이를 교육하기 위해 각 군현에 둔 교관직으로 9품직에서 시작하는 자리다. 후에 그는 세상과 단절하여 지냈는데, 신임사화(1721~22)를 겪는 과정에서 동료 문인들이 벌 받고 죽는 모습을 보며 스스로 그런 선택을 했다

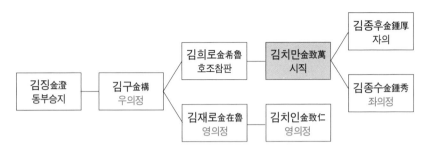

```
                                              ┌─────────────┐
                                              │ 김종후金鍾厚  │
                                              │ 자의         │
                                              └─────────────┘
                          ┌──────────────┐  ┌──────────────┐
              ┌───────────┤ 김희로金希魯  ├──┤ 김치만金致萬  │
              │           │ 호조참판      │  │ 시직         │
┌──────────┐ ┌──────────┐└──────────────┘  └──────────────┘┌─────────────┐
│ 김징金澄  ├─┤ 김구金構  │                                   │ 김종수金鍾秀  │
│ 동부승지  │ │ 우의정    │                                   │ 좌의정       │
└──────────┘ └──────────┘┌──────────────┐  ┌──────────────┐└─────────────┘
              │           │ 김재로金在魯  │  │ 김치인金致仁  │
              └───────────┤ 영의정       │  │ 영의정       │
                          └──────────────┘  └──────────────┘
```

표 2. 김치만을 중심으로 한 부계 가계도(한국학중앙연구원 한국학자료센터, 한국고전종합DB에서 제공하는 정보를 토대로 인물의 이름 아래에는 중앙정계의 관직을 표기함).

고 기록되어 있다. 또 누군가 왜 벼슬을 하지 않느냐고 물으면 "별다른 이유는 없고 병 때문일 뿐이다"라고 했다. 그의 묘표에도 그가 문을 걸어 닫고 고요히 살았다고 적혀 있다.

이러한 기록 외에 마흔 살에 자신의 딸과 영조의 조카 낙천군 이온의 혼인을 반대하다가 투옥되기도 했다. 당시 자신의 딸이 이미 다른 사람과 약혼한 상태라 아무리 왕가와의 혼인이라도 그 일은 그의 신념이 허락하지 않았던 것 같다. 그리고 1753년 그의 아버지의 상을 마치고 평소 지병이 악화되어 병석에 누운 지 아홉 달이 되었을 무렵 57세의 나이로 생을 마쳤다고 그의 둘째 아들 김종수(1728~99)가 쓴 『몽오집』에 기록되어 있다.

김치만에게, 병은 그저 세상과 단절하며 지내기 위한 핑계였을까? 아니면 정치 분쟁에 휘말려도 강단 있게 버틸 수 있을 만큼 마음도 몸도 건강하지 못했던 걸까? 젊은 날 앓던 지병이 있었다면, 그 병이 말년에도 그를 힘들게 했을까? 여러 가지 질문이 꼬리에 꼬리를 물고 이어진다. 뼈를 보며 항상 하는 일이지만, '이분은 어떻게 살았을까? 대체 무슨 일이 있었길래?' 하며 혼자 질문하고 여러 가지 생각을 해본다.

그러다가 김치만의 머리뼈에서 단연 눈에 띄는 특징이 확인되었다. 왼쪽 이마뼈의 정면이 납작하다가 가쪽으로 가면서 툭 불거지고 마루뼈 역시 좌우가 상당히 다른 모습이어서 처음에는 생전에 머리를 다친 적이 있나 하고 생각했는데, 자세히 들여다보니 선천적인 머리뼈 조기유합증cranial synostosis을 앓았던 흔적이었다. 머리뼈는 여러 조각으로 구성되어 있는데, 이 머리뼈 조각을 연결하는 봉합이 제때 닫혀야 뇌의 성장이 정상적으로 이루어질 수 있다. 봉합이 너무 빨리 진행되면 머리뼈 형태가 비정상적으로 발달하는데, 이 증상을 조기유합증이라고 한다. 어느 부위의 머리뼈를 연결하는 봉합인지에 따라 변형 양상이 다른데,

10-2. 김치만의 머리뼈를 위에서 본 모습. 관상봉합이 오른쪽에만 있고 왼쪽 이마뼈가 납작해 생전 좌우 이마가 편평하지 않았을 것으로 보인다.

가장 흔하게 발생하는 조기유합은 윗머리 부분의 좌우 마루뼈 부위라고 알려져 있다.

김치만의 경우 이마뼈와 마루뼈 사이 중 왼쪽의 관상봉합만 조기에 유합되었다. 원래 나이가 많이 들면 이 봉합이 완전히 없어지기도 하지만 김치만의 오른쪽 관상봉합은 완전히 열려 있는 상태라 왼쪽 머리뼈에서 보이지 않는 관상봉합이 나이가 들어 자연적으로 유합된 결과가 아님을 알 수 있다. 또 선천적인 머리뼈 조기유합증의 경우 특정 부위의 봉합이 일찍 닫히면서 다른 부분의 뼈 성장이 보상적으로 나타나는데, 이로 인해 김치만의 머리를 위에서 봤을 때 왼쪽 이마뼈는 오른쪽에 비해 편평하고 눌려 있는 것처럼 보이지만 상대적으로 왼쪽 마루뼈는 가쪽으로 돌출되어 있는 모습이다. 이 밖에 머리뼈를 바닥 면에서 봤을 때 뇌머리뼈 전반에서 상당한 좌우 비대칭의 양상이 확인되며, 얼굴을 구성하는 일부 뼈대가 온전하지는 않지만 여기에서도 안면 비대칭이 확인된다.

따라서 생전에 김치만의 이마는 좌우가 반듯하지 않았고 머리뼈 앞뒤의 길이가 짧았으며 이로 인해 안구가 돌출되는 문제를 가졌을 가능성이 있다. 다른 부위의 조기유합증에 비해 관상봉합 조기유합증의 경우 미용적인 문제보다는 뇌 성장을 제한하여 정신 지연이 나타날 수 있다고 하는데, 김치만의 경우 적극적으로 정계에 진출하지는 않았으나 20대에 진사시에 장원으로 합격하였을 정도니 뇌 발달에 문제가 있었던 것 같지는 않다. 이 밖에 턱과 치아의 교합 상태로 보아 아래턱이 위턱보다 앞으로 돌출되는 부정교합이 있었던 것으로 파악된다.

만약 김치만이 요즘 사람이었다면 선천성 관상봉합 조기유합증이 머리뼈 내 압력을 높이고 얼굴과 머리뼈 전반의 대칭적인 발달을 방해하는 문제를 미연에 방지하기 위해 일찌감치 수술을 받았을 것이다. 요즘은 붙어버린 머리뼈 부위를 제거하여 머리뼈가 다시 성장하도록 돕거나 이미 변형된 부분까지 복원하는 수술이 이루어진다. 그러나 조선시대에 태어난 그는 원인도 모른 채 머리와 얼굴 부위의 비대칭으로 인해 속앓이를 했을 가능성이 크다.

관상봉합의 조기유합증은 김치만의 사례처럼 한 방향에서만 확인되는 것보다 좌우 관상봉합 전체에서 나타나는 경우가 많다. 다른 나라의 고고 유적에서도 이와 같은 사례가 보고된 바 있는데 스위스 포스치아보 지역에서 확인된 17~19세기 사이의 60대 남성(Wenk 등, 2010)과 헝가리 자바라 지역의 9세기 무렵 30대 여성의 머리뼈(Évinger 등, 2016)가 모두 김치만처럼 한쪽의 관상봉합만 조기유합된 사례에 해당된다. 또 이 두 사람의 머리뼈와 얼굴뼈에서도 한쪽 이마뼈가 편평한 모습, 한쪽 눈확이 다른 쪽보다 더 뒤로 밀려나 있고 아래턱이 위턱뼈에 비해 돌출된 모습이 확인된다.

김치만의 뼈대에서는 머리뼈 이외의 부위에서도 병변이 확인되었다. 빗장뼈와 엉치뼈가 좌우 비대칭을 이루고 있어 등뼈가 비정상적으로 변형되었을 가능성이 있으며, 뼈대 곳곳에서 염증반응도 확인된다. 허리등뼈의 경우 척추측만에 의한 흔적도 뚜렷하다. 등뼈의 변형이 머리뼈의 조기유합증과 관련이 있는지는 추가 연구가 필요하다. 또 뼈대 곳곳에서 나타나는 염증반응도 어떤 만성 질환의 흔적인지 찾아내야 한다.

혹시라도 그가 앓았던 증상이 기록에 남아 있으면 좋으련만 그의 병증과 관련된 기록은 거의 없었다. 그의 외모와 관련해서는 큰 키에 여원 모습이었다는 기록 외에 더 자세한 내용은 없으며, 생전에 앓던 질병이 어떤 질병이었는지를 짐작할 만한 기록 역시 어디에도 없다. 조선시대 개인의 생애를 기록한 기록물에는 김치만과 같은 선천적 기형에 대한 내용은 거의 없고 사는 동안 전염병을 앓았던 기록만 일부 확인될 뿐이다. 이는 조선시대 유교의 영향으로 선천적 기형에 대한 언급이 부모를 수치스럽게 하여 효 사상에 어긋나는 일로 여겨졌기 때문일 가능성이 높다.

다만 『승정원일기』에는 그의 병이 세 차례 언급되어 있다. 이 가운데 두 건은 1732년과 1738년 그의 나이 서른여섯, 마흔둘 되던 해에 두 차례 동몽교관 자리에 제수되었으나 모두 병의 증세가 심하다는 이유로 관직을 거절했다는 내용이다. 『승정원일기』의 기록에 따르면 실제 그가 관직에 머물렀던 기간은 마흔에 시작한 시직으로, 이마저도 병세가 낫지 않아 아홉 달 만에 자리를 내려놓았다. 나머지 한 건은 1736년의 기록으로, 김치만의 딸과 영조의 조카인 낙천군 이온의 혼인을 반대하는 이유를 그의 집에 물으니 김치만의 병세가 대단히 위중하여 글을 써서 답할 수 없다고 하였다. 이 밖에 병에 대한 언급은 없으나 1727년 서른한 살 되던 해에도 관직을 거절했다는 내용이 있어 정계 진출에 대해서는 한결같이 소극적이었음을 알 수 있다.

이에 대한 기록을 토대로 김치만이 생전에 머리뼈 조기유합증에 의한 합병증을 가지고 있었을 가능성을 생각해볼 수 있다. 명문가의 일원으로 태어났고 20대 초반에 진사시에 장원으로 합격하였으나 이후 세 번에 걸쳐 관직을 모두 거절하였다는 사실은 특별한 이유가 없다면 쉽게 이해되지 않는다. 그런데 조기유합증에 의한 얼굴머리뼈의 변형이 겉으로 드러났고 또 그로 인한 합병증까지 있었다면 이후의 그의 행적을 얼마간 이해할 수 있다.

하지만 50대 중반을 넘긴, 당시로서는 적지 않은 나이까지 살아온 그이기에 젊은 시절부터 지병이 있었더라도 그에 대한 관리가 생애 전반에 걸쳐 잘 이루어졌을 가능성이 높다. 조부모는 물론 자식들까지 관직에 있어 어느 정도 경제적 여유를 누릴 수 있었던 덕에, 만성 질환을 앓았더라도 의료체계에 대한 접근을 비롯해 병환에 대한 관리가 잘 이루어져 더 오래도록 병증을 견딜 수 있었을 것이다.

이처럼 김치만의 기록이 곳곳에 남아 있는 데 반해 부인 홍씨에 대한 기록은 거의 없다. 아버지 홍석보가 혜경궁 홍씨의 조부인 홍현보의 형이며 조선시대 명문가의 딸이라는 것 외에는 얻을 만한 정보가 없다. 큰 아들인 김종후가 쓴 『본암집』에는 동생인 김종수가 근무하는 지역에서 모친의 생신을 맞아 오래 사시기를 기원했다는 내용과, 이후에도 역시 김종후가 모친을 모시고 아우가 관직을 하는 지역에 다녀왔다는 기록이 드문드문 남아 있다. 기록에 남아 있듯 홍씨는 80세에 이르러서도 아들과 여행을 할 수 있을 만큼 건강을 유지하며 살았던 것으로 보인다.

후손이 제공한 족보에는 풍산 홍씨가 1790년 94세로 사망했다고 되어 있다. 조선시대 기록에 따르면 당시 최고의 의료지원을 받았던 왕비의 평균 수명이 51세이고 양반가 여성의 평균 수명이 45세였으니, 90대 중반이면 아무리 무탈하게 잘 살았다 하더라도 당시 기준으로 예외적일 만큼 장수를 누렸다 할 만하다(이미선, 2021). 그녀의 뼈대 역시 이렇다 할 험한 흔적 하나 없다. 지금으로서도 고령의 나이인 만큼 관절면에 퇴행성 변화는 있지만, 그마저도 어느 한 곳을 많이 써서 두드러지는 곳이

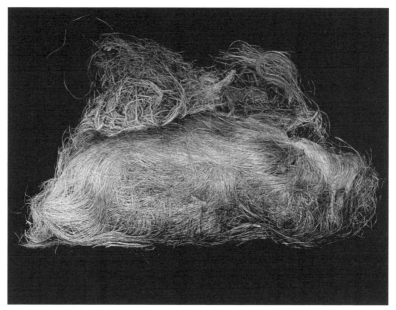

10-3. 김치만의 부인 풍산 홍씨의 관 안에서 확인된 머리카락.

없다. 또 뼈에 남는 근육의 반복적인 수축과 이완작용에 의한 흔적도 뚜렷하지 않아 되풀이되는 육체노동이 요구되는 삶을 살았다고 보기 어려우며, 사망 시 특정 질병이 뼈에 영향을 미친 흔적도 없어 한평생을 편안히 살다 간 것으로 짐작된다.

다만 턱뼈에 치아가 몇 개 남지 않았고 그로 인해 치아확이 흡수되면서 턱 높이가 줄어들어 말년에 이로 인한 외형의 변화가 두드러졌을 것으로 보인다. 이 밖에 사망하기 전까지 유지했던 머리카락이 머리맡에 잘 남아 있었다. 이름도 없이 그저 풍산 홍씨, 김치만의 부인으로만 기억되는 명문가 여인의 뼈는 순탄하지만, 원하는 대로 살 수는 없었던 조선시대 사대부 여인의 삶을 고스란히 보여준다.

지금까지 조선시대 사대부의 삶은 무덤에 남아 있는 명기나 복식, 장신구 등의 유물, 일기나 편지, 무덤 주인의 일생을 정리해 무덤 안에 넣는 묘지 혹은 묘표 등의 기록을 통해 그 면면이 검토되어왔다. 이와 더불어 김치만 부부의 뼈는 조선시대 사대부 집안의 삶을 엿볼 수 있는 자료로서 의미를 더한다. 여전히 질문은 남아 있지만 개인의 생애사와 역사의 한 과정 혹은 그 시대 사회의 일면을 결합시켜 당시 사회의 지식인이었던 사대부의 삶을 종합적으로 이해하는 데에 뼈에 남은 기록이 분명 한몫을 하고 있다. 현재 뼈 전기학적 연구 외에 이 부부의 생전 얼굴을 복원하는 연구도 함께 진행 중이다. 가야의 순장 소녀 '송현이'의 얼굴을 부활시킨 것처럼 조선후기 사대부 부부의 얼굴도 법의인류학적 복원기법을 통해 조만간 복원이 완료될 예정이다. 그 얼굴이 복원되면 현재 초상화로 남아 있는 김치만의 아버지와 아들의 얼굴도 비교해볼 만하지 않을까 한다. 한평생 조용히 살았던 김치만의 모습에서 그 집단 사람들의 분위기가 풍길지 자못 기대가 된다. 또 아주 아담하고 좌우 대칭이 잘 맞아 내 눈에 참 예쁜 그 부인의 얼굴머리뼈가 어떤 모습의 홍씨 부인으로 복원될지도.

　고은당 김치만의 삶을 더듬어가며 내게도 귀한 인연이 생겼다. 생전에 글씨를 잘 써서 서예가로 명성이 높았다는 김치만처럼, 할아버지를 기리는 마음으로 아름다운 서체를 디자인하는 그의 후손과의 만남이 계속 이어지고 있다. 집안에 높은 자리에서 벼슬하신 할아버지들이 많지만 한평생 조용하게 살다간 김치만 할아버지에게 마음이 더 간다고, 또 그 덕분에 오늘날까지 집안이 편안할 수 있었다고 감사하며 그 후손은 해가 바뀌면 또 할아버지께 술 한잔을 올리러 내 연구실을 찾을 것이다.

03

뼈에 사무친 아픔의 흔적

제11장 보릿고개의 흔적

_____치아에 새겨진 영원한 낙인, 에나멜형성부전증

사는 동안 우리는 늘 병에 걸리고 또 낫기를 반복하며 다양한 종류의 병과 의도치 않게 만나고 혹은 평생을 함께 살아가기도 한다. 그 가운데 어떤 병은 가볍게 지나가지만 또 어떤 병은 지긋지긋하게 삶이 다하는 순간까지 함께하기도 한다. 이렇게 유행했던 종류만 다를 뿐 질병은 과거에도 지금도 우리 삶 가까이에 있다. 인류의 역사가 곧 질병의 역사라고 할 만큼 우리의 삶과 질병은 서로의 세계를 변화시키며 공존의 역사를 만들어왔다. 우리를 괴롭혀온 질병이라지만 그 역사를 이해하고자 하는 것은 그래서 의미가 있다.

질병의 변천은 과거의 우리가 어떤 환경 속에서 어떻게 살아왔는지를 이해하는 데에 중요한 정보를 제공한다. 하지만 과거 사회에 유행했던 질병의 기원과 그 궤적을 연구하는 과정은 그리 녹록지 않다. 특히 고대사회의 질병과 관련된 자료와 문헌은 제한적이고, 고대사의 한 분야로 질병사를 연구하는 연구자의 수도 적어, 지금까지 우리나라 고대 질병사와 관련된 연구 성과는 극히 미미한 수준이다. 이런 측면에서 뼈에 남은 질병의 흔적은 우리의 역사와 삶이 질병과 어떻게 소통해왔는지를 밝히는 실증적인 자료가 된다.

뼈에 남은 질병의 흔적을 연구하는 '고병리학paleopathology' 분야의 연구자들은 오래된 사람뼈나 미라의 조직을 분석하여 과거 사람들의 사인, 질병, 영양 상태와 일반적인 건강 수준을 파악하려고 노력한다. 이러한 접근은 확실히 살아 있는 사람의 건강과 질병 상태를 파악하는 것과는 다르다. 사실상 모든 질병이 뼈에 흔적을 남기는 것은 아니므로 뼈를 이용해 모든 질병을 진단한다는 것은 애초에 불가능한 일이다. 또 문진이 가능한 사람을 종종 오진하기도 하니, 증상에 대해서 어떤 이야기도 들을 수 없는 죽은 사람의 뼈를 대상으로 질병을 진단하는 것이 결코 쉬울 리가 없다. 그러니 산 사람을 진단하는 것과는 진단 범위도, 진단 내용도 다를 수밖에 없다.

사람뼈 자료를 이용한 고병리학적 연구는 뼈에 영향을 미치는 생물적 스트레스의 흔적을 찾고 그러한 현상이 당시 사회에서 어떤 의미를 갖는지 이해하는 것을 목표로 한다. 이를 위해 개체 혹은 집단의 건강 상태를 평가하는 데에 이용하는 지표를 고병리적 지표paleopathological indicator라고 한다. 이 지표를 분석하여 과거에 주로 우리와 같은 보통의 삶을 살았던 사람들이 얼마나 건강하게 잘 살았는지를 알아낼 수 있다.

앞서 언급한 바대로 고대사회의 질병과 관련된 자료와 문헌은 매우 제한적이다. 특히 평범하게 살아간 사람들의 건강 상태를 평가할 만한 자료라면 더 말할 필요도 없다. 왕이라면 생전에 무엇을 어떻게 먹고 어떤 증상이 있었는지, 대략적인 사인이 무엇인지 기록으로 알 수 있는 바가 많지만, 평범한 이들의 건강 상태에 대한 기록은 거의 전무하다시피 하다. 특히 시대가 올라가면 올라갈수록 자료는 더 희소해진다. 그러니 뼈로 건강검진을 하듯 남은 흔적을 샅샅이 훑는 작업은 과거 일반의 사람들이 어떤 삶을 살았는지를 알아내는 데에 있어 매우 의미 있는 정보를 얻게 한다.

뼈에 건강 상태를 평가할 수 있는 흔적이 남는 이유는 뼈 역시 우리 몸의 다른 조직들과 마찬가지로 우리가 사는 동안 끊임없이 형성 modeling과 재형성remodeling이라는 과정을 거치기 때문이다. 즉 우리가 태어나 성장하는 동안에는 주로 뼈조직이 형성되고, 성장이 끝난 후 사망하기 전까지는 끊임없이 뼈세포가 파괴되고 다시 생성되는 뼈 재형성의 과정이 주기적으로 반복된다. 이러한 과정에서 특정한 병을 앓거나 영양소가 충분하지 못한 식단을 장기간 유지한다면 뼈에도 그 흔적이 남게 된다. 그러니 먹고 죽은 귀신은 때깔만 고운 것이 아니라 뼈 상태도 고울 수밖에 없다.

질병이나 영양 상태의 불균형이 장기간 지속되면 그로 인한 스트레스가 뼈에까지 흔적을 남길 수 있다. 특히 이런 종류의 스트레스가 성장기에 발생하면 그 영향이 치명적일 수 있고, 만일 스트레스를 견뎌내고 어른이 되더라도 일부 흔적은 영원히 지워지지 않고 남는다. 그 대표적인 예가 바로 치아에 영원히 각인되는 에나멜형성부전증이다. 이 증상은 말 그대로 치아의 가장 바깥막을 형성하는 에나멜이 제대로 형성되지 못하는 현상을 의미한다.

에나멜형성부전증은 치아 표면에 가로로 고랑이나 홈, 줄이 생겨서 육안으로도 쉽게 확인이 되는 대표적인 고병리적 지표 중 하나다. 현대인의 치아에는 눈을 씻고 봐도 없지만 불과 100년 전으로만 거슬러 올라가도 많은 사람들의 치아에 이런 흔적이 남아 있다. 이런 흔적 없이 치아 표면이 매끈하려면 이가 자라는 동안 겉표면, 즉 에나멜을 형성하는 세포가 본래의 기능을 잘 수행해야 한다. 그런데 만약 우리 몸에 이상이 생겨 에나멜을 형성하는 세포가 제대로 기능하지 못하면 에나멜의 성장이 멈추는데, 그 성장이 잠시 멈췄던 흔적이 영원히 남게 되는 것이다. 결함이 회복되지 않고 영원히 남는 것은 에나멜이 다른 뼈대와 달리 재형성이 되지 않는 조직이기 때문에 그렇다.

이 에나멜상의 결함은 이가 형성되는 동안의 스트레스를 반영하는 지표이기 때문에 성인이 되기 전에 경험한 생물적 스트레스의 발생 빈도와 시기를 파악할 수 있게 한다. 말하자면 성장기에 육체적으로 질풍노도의 시기를 겪었는지 아닌지를 이 지표로 판단할 수 있는 것이다. 이러한 이점 때문에 많은 고병리 연구자들이 이 지표를 사랑할 수밖에 없다. 그리고 이 지표를 이용해 많은 연구들이 이루어질 수 있었다.

구체적으로 살펴보면, 치아 표면에 이 고랑이 하나인 사람도 있고 여러 개인 사람도 있다. 그중 여러 개의 고랑을 가진 사람일수록 에나멜의 성장이 여러 번 멈췄다는 의미이므로 당연히 생물적 스트레스를 더 자주 받았다고 평가할 수 있다. 내가 분석한 경험으로는 선형 고랑이 하나인 사람부터 많게는 서너 개인 사람까지 있었다.

또 이 선형 고랑이 치아 표면의 어디쯤에 위치하는지를 분석하여 생물적 스트레스가 구체적으로 몇 살쯤에 있었는지를 파악할 수도 있다. 단 이 방법을 사용하기 위해서는 씹는 면의 마모가 없어야 하므로 마모

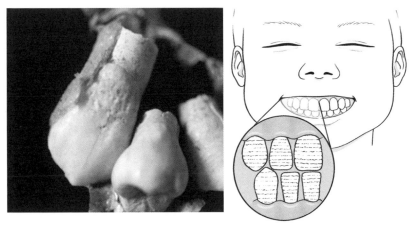

11-1. 영구치가 한창 자라고 있는 미성년 개체의 위턱 치아. 정면에 보이는 송곳니 표면의 상단에 에나멜상의 결함이 보인다. 아직 뿌리는 다 자라지도 않았는데 이미 치아머리에 결함이 생긴 모습이다.
11-2. 치아 표면에 가로줄 모양으로 나타나는 선형의 에나멜형성부전증은 치아머리의 어디쯤에 선이 생겼는지 그 위치를 측정하여 결함이 발생한 시기를 추정하기도 한다.

가 시작된 어른의 치아에 적용하기는 어렵다. 치아는 턱뼈에 박혀 있는 뿌리가 머리보다 나중에 자라고, 머리 부분부터 형성되고 발달한다. 때문에 치아머리 부분의 씹는 면에 마모가 없어야 전체 치아머리가 발달하는 기간 중 구체적으로 어느 시기에 스트레스가 발생했는지를 알아낼 수 있다. 만약 아래턱 안쪽 앞니의 가운데에 선형 고랑이 있다면 한 살 반에서 두 살 사이 정도에 스트레스가 발생했다고 추정할 수 있다.

　지금까지 연구된 바에 따르면 에나멜형성부전증은 모든 치아에 동일한 빈도로 발생하기보다는 특정 치아에 더 자주 나타난다. 치아 중에서는 작은어금니나 큰어금니처럼 턱 뒤쪽에 있는 치아보다는 앞니나 송곳니처럼 앞쪽에 있는 치아에 더 자주 나타나고 특히 송곳니에 가장 빈번하게 나타난다고 한다. 에나멜형성부전증이 치아마다 다른 빈도로 나타나는 이유는 치아마다 발달 기간이 조금씩 다르기 때문일 수 있다.

치아머리가 형성되는 시기는 치아마다 차이가 있다. 앞니와 송곳니만 보더라도 앞니 중에서는 아래턱 앞니가 위턱 앞니보다 살짝 빠르다. 송곳니의 경우는 아래턱 송곳니의 치아머리가 위턱 송곳니보다 다 자라는 데에 시간이 더 많이 걸린다. 따라서 치아에 따라서는 치아머리가 형성되는 동안에 발생한 스트레스를 반영할 수도 있고 그러지 못할 수도 있다. 또 치아 유형별로 스트레스로 인해 에나멜 세포의 활동이 저해되는 정도가 다르기 때문일 수도 있다. 즉 스트레스가 외부의 자극이라면 이 자극에 좀더 민감하게 반응하는 치아도 있고 그렇지 않은 치아도 있을 수 있다는 말이다.

또 연구에 따르면 대체로 에나멜형성부전증을 가지고 있는 집단의 평균 사망연령이 이 결함을 가지지 않은 집단보다 낮다. 이는 성장하는 동안 스트레스 저항력이 낮은 아이들이 조기 사망할 가능성이 더 높을 수 있으며, 동시에 어린 시절의 스트레스가 평생토록 건강에 악영향을 미쳐 실제로 조기 사망률을 높였을 가능성도 있다.

그렇다면 성별 빈도는 어떨까? 발생 빈도의 성차에 대해서는 대체로 상반된 연구 결과가 많은데, 결과를 제대로 해석하기 위해서는 고려해야 할 사항들이 몇 가지 있다. 우선 스트레스에 노출되었을 때 견딜 수 있는 타고난 저항력이 성별로 다를 수 있다. 또한 문화적으로 남아와 여아를 차별적으로 양육하는 관행 역시 성장기에 발생하는 스트레스 지표의 발현에 영향을 미칠 수 있다. 대체로 감염병이나 기생충 질환, 영양 불균형과 같은 환경적 스트레스에 대한 타고난 저항력은 여성이 남성보다 더 높은 것으로 알려져 있다.

하지만 상황을 더 복잡하게 만드는 것은 사회문화적 배경이다. 예를 들어 남아선호사상과 같은 차별적 양육 관행은 에나멜형성부전증과 같은 생리적 스트레스 지표의 발현에 영향을 미칠 수 있다. 우리나라의 경우 수유 기간, 이유기 이후 먹이는 음식의 질과 양 등이 성별에 따라 차별적으로 제공되는 관행이 분명 존재했다. 즉 남자아이에게 더 오래 젖을 먹이고 이유기 이후에도 영양가가 풍부한 음식을 더 먹이거나 했다면, 또 아플 때 의료나 돌봄을 더 신경써서 했다면 같은 스트레스를 경험하더라도 결과는 달라질 수 있다.

이러한 문화적 관행은 우리나라뿐 아니라 다른 많은 사회에도 있었기 때문에 성장기에 발생하는 병리 지표의 유병률을 제대로 해석하려면 양육 관행을 포함한 그 사회의 문화는 물론 성별·연령별 사망률에 대한 정보, 에나멜형성부전증 이외 추가적인 병리 지표를 교차 분석하는 등의 노력이 함께 필요하다.

여러 가지 복잡한 요인들을 고려해야 함에도 불구하고 에나멜형성부전증의 발생 빈도는 분명히 영양 상태나 질병 환경이 열악한 집단에서 더 높은 빈도로 나타난다. 1950년대 후반 중국에서 기근이 있었던 시기에 성장한 아이들의 에나멜형성부전증 빈도는 확실히 높았다. 또 당시 농촌에서 자란 아이들이 도시의 아이들보다 에나멜상의 결함을 더 많이 보였다(Zhou, Corruccini, 1998).

영국의 중세시대 묘지 중 1만 개체가 넘는 사람뼈가 출토된 세인트메리 스피털 묘지St. Mary Spital cemetery에서 출토된 집단의 경우도 기근을 경험한 집단이 그렇지 않은 집단에 비해 에나멜형성부전증을 훨씬 많이 가지고 있었다(Yaussy, DeWitte, 2018). 기근이나 기아 사태는 영양실조는 물론 전염병 감염률도 증가시키며, 그러한 생리적 스트레스의 결과로 에나멜형성부전증의 빈도 역시 증가한다.

우리나라에서는 서울 진관동 유적 출토 성인 집단을 대상으로 에나멜형성부전증의 빈도가 조사된 바 있다(박순영 외, 2011). 연구 자료로 160개체에 해당하는 사람뼈가 분석되었는데, 아래턱 송곳니의 경우에는 90퍼센트에 달하는 사람들이 에나멜형성부전증을 가지고 있었다. 이는 160명 중에 144명이 어린 시절, 특히 송곳니가 자라는 동안 배를 곯고 병에 걸려 힘든 시간을 보냈다는 의미다. 가장 낮은 빈도를 보인 치아는 아래턱 앞니로 안쪽앞니와 가쪽앞니 모두 20퍼센트 정도의 빈도를 보였다.

진관동 유적에 묻힌 조선시대 사람들에게 대체 무슨 일이 있었길래 에나멜형성부전증의 빈도가 이렇게 높을까? 송곳니에 남은 흔적을 보면 열에 아홉은 여섯 살이 채 되기도 전에 삶의 고비를 겪었다. 그렇다면 이 조선시대 공동묘지에 묻힌 사람들 대부분이 6세 이전에 경험했던 스트레스는 과연 무엇이었을까? 해외 집단을 대상으로 한 연구 사례들을 보면 기근으로 인한 결과일 가능성이 높아 보인다.

인류 역사에서 산업화·근대화 이전 사회는 대부분의 사람들이 배불리 먹는 경험을 하지 못했다. 인류가 굶주림에서 벗어나 배부르게 먹을 수 있게 된 지는 사실상 100년이 채 되지 않은 것이다. 조선시대 태조부터 철종까지 472년의 역사가 기록된 『조선왕조실록』에도 대기근이 여러 차례 있었으며 극심한 기근으로 많은 사람들이 죽고 전염병 유병률이 급증했다는 기록이 곳곳에 등장한다. 특히 매년 봄마다 겪어야 했던 보릿고개는 많은 사람들의 이에 에나멜형성부전증과 같은 흔적을 남겼을 가능성이 크다.

조선시대 중기 이후 농업기술의 발달로 이전보다는 벼농사가 안정되었다고 평가되기도 하지만, 그럼에도 조선 중후기에 인구를 부양할 수 있는 식량이 항상 부족했다는 기록은 문헌 곳곳에 남아 있다. 특히 1788년 발간된 『탁지지度支志』는 당시 인구수를 바탕으로 필요한 곡물량이 몇만 석인지를 추산하면서 인구대비 식량이 늘 부족해 굶주릴 수밖에 없는 당시의 상황을 잘 기술하고 있다(https://sgsg.hankyung.com/article/2014051670741).

또 실록에는 기근에 대한 기사와 상소가 수도 없이 등장한다. 먹을 게 없어 구황작물은 물론 흙, 목화씨까지 먹었다는 내용을 비롯해 굶주림에 고통받았던 사람들의 이야기가 실록 곳곳에 남아 있다. 추수한 쌀은 바닥나고 보리는 아직 여물지 않아 수확이 안 되니 어쩔 수 없이 겪어야만 했던 봄철의 기근이 바로 보릿고개였다. 사는 동안 내내 보릿고개를 겪고 또 그 고비로 가족 중 몇몇은 굶어죽는 일들을 겪으며 살아왔던 이들의 고통이 치아에 사무쳐 있다.

하지만 여기에는 역설도 숨어 있다. 이들은 분명 아래턱 송곳니의 치아머리가 다 자라는 6세 무렵까지 생리적 스트레스를 경험했음에도 불구하고 성인이 될 때까지 살아남았다. 반면 이 스트레스에 저항하다가 이때를 잘 넘기지 못하고 끝내 목숨을 잃은 사람도 분명 많았을 텐데 그들의 치아에는 에나멜형성부전증이 남아 있지 않다. 이유는 굶주림의 흔적이 치아 표면에 각인될 때까지 견디지 못하고 사망한 사람들이기에 그들의 치아에는 스트레스의 흔적이 채 새겨질 시간적 여유가 없었던 것이다.

그러니 어려운 시기를 견디고 살아남은 사람들의 치아에 남은 가로줄은 결함 그 자체가 아닌 높은 면역력을 상징하는 징표일 수도 있다. 이런 맥락에서 에나멜형성부전증은 결함인 동시에 살아남은 자만이 가질 수 있는 흔적이다. 그러니 병리 지표가 남아 있다고 해서 건강하지 않은 사람이라고 해석할 수 없고, 그 흔적이 없는 사람이라고 해서 반드시 건강했던 사람이라고 해석할 수 없다. 이러한 문제를 '뼈의 역설 Osteological paradox'이라고 한다.

분명 결함인데도, 달리 보면 먼저 사망한 사람들에 비해 이 흔적을 단순히 결함이라고 해석할 수만은 없는 이면이 존재하는 것이다. 이처럼 뼈에 남은 고병리 지표를 해석하는 과정은 결코 단순하지 않다. 건강한 상태와 건강하지 않은 상태를 이분법적으로 딱 잘라 그 극한의 경험만을 해석하고자 하면 곤란하다. 그 사이에 존재했던 다양한 사례를 여러 가지 측면에서 바라볼 수 있어야 뼈에 남은 흔적의 의미를 제대로 해석할 수 있다.

제12장 조선시대의 교통사고

___골절의 흔적

골절은 우리가 살면서 비교적 흔히 겪는 질병 범주 중 하나다. 또 오래된 뼈에서도 골절의 흔적은 비교적 자주 확인된다. 골절은 뼈에 직접적인 영향이 가해진 결과이므로 고병리적 관점에서는 골절이 어떤 종류의 힘 혹은 원인으로 생긴 결과인지, 그러한 결과는 주로 어느 부위에 나타나는지를 옛 집단의 뼈로 분석하는 것이 의미가 있다. 이를 통해 집단이 생계경제를 유지해나가는 수단이나 그 집단의 문화, 사회 특성과 골절의 빈도나 분포가 어떤 관계가 있는지를 파악할 수 있다. 또 골절뿐 아니라 탈구나 외상후 장애 사례를 분석하여 한 개인의 삶은 물론 장애가 있는 개인을 사회가 어떻게 보살폈는지에 대해서도 알아낼 수 있는 바가 있다.

골절의 원인은 다양하다. 원래 앓고 있던 질병에 의해 발생할 수도 있고, 사고에 의해 발생할 수도 있다. 구체적으로 질병에서 기인한 것이라면 골다공증이나 골연화증 혹은 대사성 질환의 영향으로 뼈조직이 약해져서 발생할 수 있다. 또 사고로 인한 골절이라면 우연히 일어나기도 하지만 고의성을 갖는 폭력이나 외과적 처치의 결과로 나타날 수도 있다. 이렇게 여러 가지 원인으로 발생하는 골절의 종류와 양상을 과거 집단의 뼈를 분석하여 복원할 수 있다.

그런데 이런 분석이 가능하려면 먼저 뼈에 생전 발생한 골절의 흔적이 잘 남아 있어야 한다. 현재 부러진 데가 없더라도 생전에 골절이 발생했다면 그 흔적이 남아 있어야만 과거 집단이 현대인에 비해 어떤 원인으로, 어느 부위에 골절을 더 많이 당했는지 알 수 있다. 다행히도 골절은 아무리 생전에 다 치유되었어도 그 흔적이 남는다. 피부에 상처가 나면 다 아물더라도 흉터가 남는 것처럼 뼈 역시 생전에 부러졌다 다시 붙어도 그 자리에는 흉터가 남는다. 이유는 골절로 인한 손상을 복구하는 작업이 세포 단위에서 이루어지면서 조골세포에 의해 새로운 뼈가 만들어지는데, 이때 재형성이 이전과 완전히 동일하게 이루어지지는 않기 때문에 그렇다.

또 골절의 흔적을 통해 골절이 발생한 시점, 즉 생전에 발생했는지, 사망 무렵에 발생했는지, 사망 이후에 발생했는지에 대해서도 알 수 있어야 한다. 사는 동안 크고 작은 사건들로 인해 뼈가 부러지기도 하고 생명엔 지장 없이 다시 일상으로 복귀하기도 하지만, 교통사고나 심각한 낙상사고로 인해 뼈가 부러지면 사망으로 이어질 수도 있다. 그러니 사망 무렵에 발생한 골절이라면 사망 원인이 될 수도 있는 것이다. 이밖에 고고 유적에서 출토된 뼈는 오랫동안 매장되어 퇴적환경을 비롯한 자연적 요인으로 인해 풍화와 마모가 상당히 진행된 경우가 많다. 그러니 약해질 대로 약해진 상태인지라 쉽게 부러지고 심지어는 발굴과

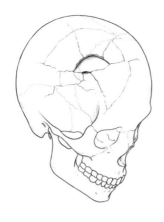

12-1. 머리뼈에 함몰 골절의 흔적이 남은 모습. 오른쪽 마루뼈에 힘이 가해졌고 그 결과로 주변에 동심원을 이루는 골절선이 남아 있다.

수습이 이루어지는 과정에서 혹은 분석이 이루어지면서도 부러질 수 있다. 따라서 현재 분석하는 뼈대 일부가 부러져 있다면 이 골절이 언제 일어났는지부터 먼저 파악해야 한다.

때로 생전에 발생한 골절의 흔적이 역사적인 의미를 갖기도 하고 한 사람의 이야기를 완성하는 데에 중요한 역할을 하기도 한다. 한 예로, 약 3만 년 전 구석기시대 사람의 머리뼈에 남은 함몰 골절은 누군가 의도적으로 휘두른 몽둥이에 맞아 생겼으며, 이 폭력적인 행동이 살인으로 이어졌을 것이라는 결과가 제시되기도 했다(Kranioti 외, 2019). 이른바 뼈에 남은 골절의 흔적으로 구석기시대 살인사건을 밝힌 사례라 하겠다. 골절의 흔적은 우리 호모 사피엔스보다 더 이전에 존재했던 고인류의 뼈대에서도 확인된다.

또 셰익스피어의 희곡에서 곱추왕으로 표현되어 일반에 널리 알려진 영국 리처드 3세의 뼈에서도 골절을 비롯한 외상의 흔적이 다수 확인된 바 있다. 리처드 3세의 뼈는 고고학자들의 끈질긴 추적 끝에 2012년 레

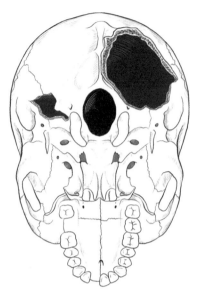

12-2. (상)리처드 3세의 머리뼈. 머리뼈 아래쪽에 큰 구멍이 남아 있는데 머리 뒤쪽으로 둔기에 맞아 생긴 상흔으로 추정된다.

12-3. (하)리처드 3세의 뼈가 발굴되었을 당시의 모습.

스터 지역 시의회 주차장 지하의 옛 수도원 터에서 발견되어 분석이 이루어졌다. 분석 결과, 생전 리처드 3세가 보스워스 전투에 참전해 싸우는 과정에서 입은 골절과 외상이 여러 부위의 뼈대에서 확인되었다.

우리나라에는 리처드 3세의 사례처럼 역사시대의 인물이 뼈로 특정된 사례가 전무하다시피 하다. 다만 아주 예외적으로 백제 무왕으로 추정된 뼈대가 지금까지 국내의 사례로는 유일하다. 이 뼈는 2018년 재발굴된 익산의 쌍릉에서 출토되었으며, 쌍릉이 무왕의 무덤으로 인정되면서 그 속에서 수습된 뼈의 주인공 역시 무왕으로 추정되었다. 무왕으로 추정되는 뼈대는 전체적으로 보존 상태가 좋지는 않지만, 볼기뼈의 엉덩뼈능선iliac crest에서 넙다리뼈머리가 들어가는 관절 부위에 이르는 범위에 세로 방향의 골절선이 남아 있어 이 부위에 생전 골절이 발생한 후 자연 치유된 흔적으로 설명되었다(국립부여문화재연구소, 2019). 연구자들은 골절선이 작지 않은 점으로 보아 부위가 유합된 후에도 보행 장애가 있었을 가능성이 높다고 판단하였다. 또한 "타격보다는 낙상이 원인일 가능성이 있다"고 덧붙였다.

대개 골절은 외부의 힘에 의해 발생하는 경우가 많아 특히 폭력과 밀접한 관련이 있을 수밖에 없다. 특히 아래팔을 구성하는 뼈대 중 하나인 자뼈에 발생하는 몬테기아monteggia골절은 자뼈 윗부분 3분의 1 지점이 부러지면서 노뼈 머리가 함께 탈구되는 현상을 말하는데, 넘어지면서 팔을 뻗어 안으로 돌리며 바닥을 짚거나 자뼈에 직접 타격을 받았을 때, 공격을 피하기 위해 얼굴 앞쪽으로 팔을 높이 들다가 발생하는 것으로 알려져 있다. 이탈리아 외과의사가 자신의 이름을 붙여 몬테기아골절이라고 부르며, 이 골절의 빈도가 높은 집단의 경우 폭력이 만연했던

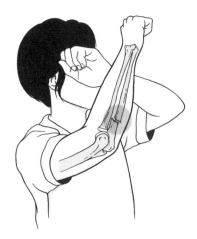

12-4. 몬테기아골절로 이어질 수 있는 자세. 팔을 들어 가격을 방어할 때 두 개의 아래팔 중 뒤쪽에 위치한 자뼈가 폭력에 노출되어 부러질 수 있다.

환경에 살았을 가능성이 있는 것으로 보고되었다.

2005년 부산 수안역 도시철도 공사 현장에서 동래읍성 유적이 발굴되어 임진왜란 때 동래성 전투에 참여했다가 사망한 사람들의 뼈가 다량 출토된 적이 있다. 뼈는 외부의 침입을 막기 위한 용도로 성 둘레에 파놓은 해자에서 수습되었다. 전체 81명분에 달하는 이 뼈들을 면밀히 검토하니 칼이나 활, 총과 둔기에 의해 생긴 골절과 외상이 그대로 남아 있는 것이 확인되었다. 그야말로 전쟁의 처참한 상흔이 뼈에 고스란히 남은 사례였다(더 자세한 이야기는 제3부 제14장에서).

이렇게 골절의 흔적은 개인의 사망 원인을 규명하여 폭력의 장구한 역사를 고증하고, 역사적으로 극적인 삶을 살았던 개인의 생애를 남겨진 문헌 자료와 함께 복원하는 데에 기여한다. 또 문헌으로만 남아 있는 역사시대의 전투 상황을 후대에 알려주는 역할도 한다.

이 밖에도 집단의 뼈를 대상으로 뼈대 부위별 골절의 발생 빈도와 연령별 빈도, 발생 원인을 밝히고자 하는 연구가 이루어졌다. 대표적으로 오하이오 오토와 지역 리벤Libben 유적에서 확인된 북미 수렵채집민 집단의 팔과 다리뼈에 남아 있는 골절의 양상을 검토한 연구가 있다(Lovejoy, Heiple, 1981). 연구자들은 팔과 다리뼈에 남아 있는 골절의 양상을 분석해서 집단 내 45퍼센트에 달하는 골절 유병률이 대부분 우연한 사고로 인해 발생했으며, 폭행이나 공격에 의한 골절은 매우 적다는 사실을 밝혀냈다. 또 긴뼈의 골절은 청소년과 청년층이 가장 많았고 성별 차이는 없었다. 이에 대해서는 이 집단이 성별에 상관 없이 외상에 노출될 수 있는 행위나 반복적인 노동을 하며 살았기 때문이라고 보았다. 이런 설명을 기초로 우리는 선사시대 북미 수렵채집민들이 주어진 환경에서 어떻게 살았는지에 대한 정보를 얼마간 얻을 수 있다.

또 영국의 철기시대 이스트요크셔 지역의 공동묘지에서 나온 성인 뼈를 대상으로 사회적 계급이 높은 집단과 그렇지 않은 집단의 골절 빈도가 차이를 보이는지 조사한 연구도 있다(Peck, 2013). 연구 결과 계급이 낮은 집단이 높은 집단에 비해 골절 빈도가 더 높은 것으로 나타났다. 이는 사회적 계급이 낮은 집단이 일상적으로 노동집약적인 일을 더 많이 하거나 농사와 관련한 일 중에서도 더 위험한 일에 참여한 결과일 수 있다.

한편 중국 청동기시대 간쑤甘肅성 린탄臨潭현 모거우磨溝 유적에서 출토된 사람뼈 집단을 대상으로 외상의 양상을 살펴본 연구에 따르면, 폭력에 의한 외상의 흔적이 약 8퍼센트의 사람에게서 확인되었고 이중 남성의 뼈대에서 발견한 외상 흔적이 여성보다 약 4배로 많았다(Dittmar 외, 2019). 특히 외상 중 44퍼센트는 사망 무렵 머리뼈 부위에 외상을 입은 것으로, 주로 남성에게서 이러한 흔적이 확인되었다. 연구자들은 이러한 결과가 당시 기후 변화와 가뭄으로 인한 환경 악화로 집단 간 분열과 불평등의 문제가 전쟁이나 습격으로 이어져 나타난 결과라고 설명하였다.

이렇게 특정 사회의 특성을 규명하고자 하는 연구도 있지만 특정한 행위로 발생하는 골절 양상에 집중한 연구도 있다. 바로 낙마 사고로 인한 골절이다. 여기에서 낙마는 정치 용어가 아니라 말에서 떨어진 사고를 가리킨다. 말은 인류에게 이동과 운송을 획기적으로 가능하게 하여 넓은 범위의 연결과 교류를 만들어냈다. 이런 중요한 가치를 가진 대상이었기에 선사시대의 동굴벽화에도 등장하지 않았던가.

하지만 이 움직임이 빠른 동물은 인간이 길들인 이후에도 때론 사납게 돌변하고 때론 놀라 날뛰는 특성이 있어서 오랜 훈련으로 아무리 친밀한 관계가 되었더라도 인간에게 치명적인 위해를 가할 수 있다. 슈퍼맨을 연기했던 미국 배우 크리스토퍼 리브가 승마 경기 도중 말에서 떨어져 목 아래를 움직일 수 없는 중상을 입게 된 사건은 너무나 유명하다.

조선시대에는 말이 대중적이라고 할 수는 없지만 교통수단으로 이용되었으니 당연히 이와 관련된 사고도 어느 정도 있었으리라 예상된다. 『조선왕조실록』에는 낙마와 부상, 낙마와 중상이 짝을 이뤄 등장한다. 『조선왕조실록』과 『승정원일기』에서 뼈가 부러지거나 어긋나는 부상을 의미하는 절골折骨, 절각折脚, 절비折髀, 절상折傷, 위골違骨 등의 용어를 찾았더니 188건의 기록이 확인되었다(Ki 외, 2018). 연구자들은 이 각각의 기록을 모두 검토하여 외상의 원인을 살폈는데, 절반에 해당하는 94건의 기록이 승마와 관련된 사고로 밝혀졌다. 이른바 조선시대에 발생한 교통사고 기록인 셈이다.

조선을 건국하기 전 이성계가 사냥을 하다 말에서 떨어져 한참을 몸져누웠다는 기록이나 인조가 여러 차례 말에서 떨어져 심각한 후유증을 앓았다는 기록은 낙마로 인한 사고와 그 후유증의 정도를 짐작할 수 있게 한다. 하지만 이보다 더 심각한 경우도 있었는데, 조선시대 문신 이정형이 기록한『동각잡기東閣雜記』에는 경기도 관찰사 정언각이 낙마 사고로 죽은 사실이 실려 있다. 정언각이 말에서 떨어지면서 등자에 발이 걸려 말에 끌려다니다가 결국 머리를 밟혀 죽었다는 것이다.

낙마 사고가 전체 외상 중 절반을 차지한다고 했는데 주로 어느 부위를 많이 다쳤는지에 대해서도 문헌을 통해 검토되었다(Ki 외, 2018). 연구자들은 '낙마落馬'와 '추마墜馬'를 검색한 기록에서 외상 부위를 검토하였다. 그 결과 외상을 입은 부위는 다리, 팔, 몸통과 머리, 목 부위 순으로 많았다.

이 결과를 현대의 승마 사고와 비교하면 부상 부위의 빈도가 비슷하다. 스포츠 의학 학술지에 실린 논문에 승마 선수들이 주로 다치는 부위의 빈도가 조사되었는데 위사지뼈의 외상이 가장 빈번했고 다음으로 아래사지뼈, 마지막으로 머리와 얼굴 순으로 나타났다(Bixby-Hammett, Brooks). 단 로데오 경기에서는 팔다리뼈 다음으로 머리와 목 부위 외상의 빈도가 더 높았다. 이런 자료로 위험도가 더 높은 상황에서 어느 부위의 부상이 뒤따를 수 있는지 충분히 짐작할 수 있다.

문헌에 남아 있는 것처럼 조선시대에 낙마사고가 잦았고 사고로 팔다리 부위의 외상이 많았다면, 실제 고고 유적에서 출토되는 뼈에서도 팔다리뼈의 외상이 많이 확인될까? 이 질문을 확인하기 위해 또다른 연구

성별	나이	골절 부위	합병증과 기형 여부
여	중년	좌측 넙다리뼈	골수염, 부정유합, 길이 감소, 기형
남	중년	좌측 자뼈	없음
남	중년	좌·우측 노뼈	길이 감소
남	노년	우측 노뼈	부정유합, 길이 감소, 기형
남	노년	좌측 정강뼈, 좌측 종아리뼈	기형

표 3. 남녀별 골절 부위.

가 진행되었다.

　연구자들은 16~18세기 조선시대 회묘에서 나온 96명의 긴뼈(빗장뼈, 위팔뼈, 노뼈, 자뼈, 넙다리뼈, 정강뼈, 종아리뼈) 일곱 부위를 모두 확인하였다(Shin 외, 2013). 그 결과 총 다섯 명이 모두 일곱 군데의 골절을 가지고 있었다. 유병률로 따지면 대략 5퍼센트쯤 되는데, 골절 부위가 있는 다섯 명 중에 네 명은 남성, 한 명만 여성이었다. 지금까지 이루어진 많은 연구에서 남성의 골절 빈도가 여성보다 더 높다고 보고되어온 것과 마찬가지의 결과가 이 연구에서도 확인되었다. 이는 신체적 행위를 하는 데에 성별 차이가 있었을 가능성을 시사하며, 여성보다 남성이 더 격렬한 노동에 참여하여 골절의 빈도가 더 높게 유지되었을 수 있다는 해석을 가능하게 한다.

　또 다섯 명 중 세 명은 중년, 두 명은 노년에 해당되었는데 특히 노년층은 뼈조직이 약해 외상으로 뼈 손상이 일어날 가능성이 크다. 일곱 군데의 골절 부위는 팔뼈 네 곳, 다리뼈 세 곳이었다. 팔뼈의 골절 부위는 노뼈 세 곳, 자뼈 한 곳이며 다리뼈는 중복 부위 없이 넙다리뼈, 정강뼈, 종아리뼈의 골절이 모두 확인되었다. 노뼈 골절은 세 부위 모두 넘어지면서 갑자기 땅을 짚을 때 일어나는 골절과 매우 유사한데, 이것이 낙마에 의한 결과라고 딱 꼬집어 말하기는 어렵지만 개연성은 충분히 있다.

또 엑스레이 촬영으로 골절이 어느 방향으로 이루어졌는지를 파악해보았더니, 중년 남성 자뼈만 가로로 골절선fracture line이 확인되고 나머지는 모두 골절선이 비스듬한 사선을 이루고 있었다. 골절선이 가로선인지 사선인지는 힘이 어떻게 가해졌는지를 유추하는 데에 도움이 된다. 즉 대개 가로선의 골절은 의도적인 폭력처럼 가까운 거리에서 직접 작용한 힘에 의한 결과로 판단되는 데 반해 비스듬하게 형성된 골절선은 멀리서 작용한 우연한 혹은 간접적인 힘에 의한 결과로 평가된다. 폭력 행위가 의심되는 가로 골절선은 중년 남성 자뼈에서만 확인되었으므로 이 집단의 폭력 수준을 짐작하게 하는 자료로 평가될 수 있다.

이 연구의 결과는 문헌 연구에서 기대한 것과는 분명 다르다. 뼈 연구에 포함된 피장자들 역시 모두 회묘에 묻힌 사람들이라 문헌에 주로 기록된 대상처럼 양반일 가능성이 높다. 이러한 맥락에서 연구자들은 당시 지주를 비롯한 양반계층이 사고 위험성이 높은 중노동을 하며 살지 않았을 가능성도 고려해야 한다고 설명한다. 이처럼 문헌과 뼈를 대상으로 한 연구 결과가 일치하기는 어렵다. 그러니 문헌이든 사람뼈 대상의 연구든 그 결과를 해석할 때에는 늘 주의가 필요하다. 연구 대상이 당시 사회에서 어떤 삶을 살았던 사람들인지 면밀한 분석이 필요하며 현재의 분석 결과가 어떻게 해석될 수 있을지를 다양한 측면에서 검토해야 한다. 바로 이 점이 뼈에 기록된 실증의 정보가 해석되기까지의 과정이 쉽지 않은 이유이기도 하다. 또 문헌에 실리지 않은 역사와 뼈가 담아내지 못하는 역사가 함께 융합되어야 하는 이유이기도 할 것이다.

제13장 비타민 C가 부족해 죽어간 사람들

____유소년 집단의 뼈대로 검토된 괴혈병의 빈도

비타민은 체내기관에서 전혀 합성되지 않거나 아주 소량만 합성되기 때문에 반드시 음식을 통해 섭취해야 한다. 종류는 또 어찌나 많은지 새로 발견될 때마다 알파벳이 더해져 현재 A, B, C, D, E, K까지 알려졌고 이 가운데 비타민 B는 다시 1, 2, 3, 5, 6, 7, 9, 12까지 나뉜다. 각각의 비타민이 어떤 역할을 하고 우리 몸에 적정량이 흡수되도록 음식으로 얼마나 섭취해야 하는지를 다 알고 챙겨먹으려면 머리가 아플 지경이다.

그래도 요즘은 이런 고민을 한방에 해결해주는 종합비타민이 있어 참 다행이다 싶은데, 과거에는 비타민 섭취와 부족에 대한 문제를 어떻게 해결했을까? 비타민의 '비타'가 라틴어의 '생명vita'이라는 단어에서 유래한 것처럼 비타민은 생명을 유지하는 데에 필수적인 영양소이며, 반대로 부족할 경우에는 건강에 치명적일 뿐 아니라 생명을 잃을 수도 있다.

하지만 우리 몸속에서 이렇게 중요한 역할을 하는 비타민의 존재를 알게 된 건 그리 오래되지 않았다. 비타민이 워낙 적은 양으로 존재하는지라 이를 분리해 성분을 확인하려면 고도의 기술이 필요했기에 20세기 초반이 되어서야 동물의 생존에 필수적인 물질인 비타민의 존재를 인식하고 그 종류를 연이어 발견할 수 있었다.

비타민의 발견은 대개 동물이 앓던 질병이나 장애의 원인을 찾던 과정에서 이루어졌다. 비타민 B는 각기병을 앓던 닭을 실험하던 중에 발견되었고, 비타민 A는 정제된 사료를 먹고 눈 질환이 생긴 쥐를 연구하던 중에 발견되었다. 비타민 C 역시 괴혈병에 걸린 기니피그를 통해 괴혈병 치료물질로 처음 발견되었다. 비타민 C의 다른 이름인 라틴어 '아스코르브산ascorbic acid'은 괴혈병scorbutus에 'not'의 의미를 갖는 'a'가 붙어 만들어졌다. 비타민 D도 구루병에 걸린 개를 대상으로 실험을 하면서 발견되었다.

이 가운데 비타민 C와 D는 장기간 부족할 경우 뼈에도 그 흔적을 남긴다. 즉 뼈의 형성과 성장은 물론 유지와 관련된 재형성 과정을 방해하는 질병을 대사성 뼈 질병metabolic bone disease이라고 하는데, 여기에 해당하는 대표적인 질병이 바로 비타민 C와 D 결핍증이다. 이렇게 특정 영양소가 부족할 때 뼈대에 병변을 남기는 질병은 과거 사람들의 영양과 식이 상태를 유추하는 데에 도움이 된다. 옛사람들이 어떤 음식을 어떻게 먹고 살았는지에 대한 기록은 매우 제한적이기 때문에 특정 영양소 결핍 시 나타나는 흔적을 통해 성별이나 사회경제적 지위와 같은 사회 구성원들의 속성에 따라 식료 섭취의 분화 양상에 대해서도 접근해볼 수 있다.

성장하는 동안 비타민 D가 부족할 때 발생하는 구루병은 뼈가 휘는 증상을 보이는 질병으로, 학창시절 특정 비타민과 결핍증을 짝지워 외우면서 배웠던 기억이 있을 것이다. 비타민 D는 뼈가 성장하고 재형성되는 데에 필수적인 성분으로 칼슘 항상성homeostatis 유지에 중요한 역할을 한다. 따라서 부족하면 연골과 뼈조직에 칼슘이 축적되지 못하여 뼈가 무기질화되지 못하고, 심할 경우 뼈에 구멍이 생기고 휘어지는 기형이 발생하게 된다. 구루병은 비타민 D 대사에 영향을 미치는 여러 가지 요인들에 의해서도 발생할 수 있지만 자외선 노출이 절대적으로 부족할 때 비타민 합성이 충분히 이루어지지 못해 발생하는 경우가 압도적이라고 알려져 있다.

구루병은 특히 영국의 산업혁명기 아이들에게서 많이 보고되었다. 당시 아이들은 면직물 공장의 근로자로 취직해 방직기의 실이 끊어지면 기계 밑으로 들어가 실을 잇는 위험천만한 일을 하며 하루에 열두 시간 이상의 노동을 견뎠다. 당시 산업혁명으로 도시에 사람들이 몰리면서 도시의 환경은 열악함 그 자체였고, 세상은 아이들의 위생이나 노동환경에 무심했다. 그러다 보니 가난한 아이들은 질병에 취약할 수밖에 없었고, 공장의 아이들은 햇빛을 보지 못해 팔다리가 휘어지는 경우가 부지기수였다.

이처럼 구루병은 역사적으로 도시 빈민가 아이들의 질병으로 잘 알려져 있고 특히 영국에서 17세기 중반 이 병이 처음으로 알려졌기 때문에 서구 의학계에서는 '영국병English disease'이라 부르기도 했다(Newton, 2021). 옛사람뼈로 영국의 구루병 유병률을 조사한 연구에 따르면 중세에는 구루병 유병률이 낮은 수준을 유지하다가 18~19세기에 들어 증가

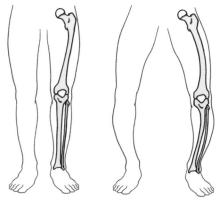

13-1. 정상의 다리뼈(왼쪽)와 구루병으로 인해 변형된 다리뼈(오른쪽). 성장기 어린이에게 비타민 D 결핍이 발생하면 칼슘과 인이 뼈에 축적되지 않아 골격이 약해지며 여러 부위의 뼈대에 변형이 나타나는데 다리뼈의 경우 다리가 휘어지는 안짱다리 증상이 나타난다.

하는 현상을 보인다. 이에 대한 원인으로 햇빛이 부족한 기후 조건과 산업화, 석탄 매연으로 인한 공기 오염 문제가 지적되었다.

또 영국 산업혁명기 아이들 못지않은 구루병 유병률을 보이는 집단으로 19세기 초 미국 도시에 자리잡기 시작한 아프리카계 미국인 집단을 들 수 있다. 19세기 초반 필라델피아에 거주했던 아프리카계 미국인 집단의 뼈를 분석한 연구에서는 남성과 여성의 구루병 유병률이 각각 35퍼센트, 20퍼센트로 보고되었다(Angel 외, 1987). 기본적으로 검은 피부가 천연 자외선 차단제의 역할을 해 비타민 D 합성을 어렵게 하기도 하지만, 이렇게 높은 유병률은 당시 아프리카계 미국인의 삶이 어떠했는지를 유추할 수 있게 해준다.

기본적으로 야외에서 맘껏 뛰어놀지 못하고 영양 상태도 불량하며 기생충 감염으로 영양소 흡수마저 어려워진다면 구루병 유병률이 증가한다. 하지만 문화적인 요인으로 구루병이 발생하기도 한다. 즉 햇빛을 기피하는 문화적 관습이 있는 바레인이나 예멘을 비롯한 중동 지역의 유소년 집단의 경우 구루병 유병률이 매우 높다(Littleton, 1998). 이들 집단에서는 아기를 천으로 단단히 싸서 다니기 때문에 햇빛에 노출되는 경우가 거의 없고 집의 구조도 채광을 최소화하도록 한다. 따라서 이러한 환경이 다른 요인들과 함께 시너지 효과를 일으켜 구루병 유병률을 더 높였다는 설명이다.

구루병이 다리뼈가 휘는 증상으로 비교적 쉽게 육안으로 진단할 수 있는 질병이라면, 비타민 C 결핍으로 발생하는 괴혈병은 빈혈과 유사한 병변을 보여 1980년 이전까지는 고병리 연구에서 거의 주목받지 못했다. 괴혈병에 의한 뼈 병변이 빈혈과 유사한 이유는 몸 곳곳에서 출혈이 발생하면서 빈혈이 함께 나타나기 때문이다. 즉 머리뼈와 안면부, 턱 안쪽에 주로 발생하는 비정상적인 구멍은 빈혈로 인해 발생할 수도 있어서 연구자들이 이러한 병변을 괴혈병에 의한 결과와 구분하지 못하였고, 심지어 괴혈병에 의한 결과일 수 있다는 가능성조차 고려하지 않았다.

이러한 이유로 과거 집단의 괴혈병 양상에 대한 연구가 옛사람의 뼈로 이루어진 지는 그리 오래되지 않았다. 하지만 최근에는 뼈조직의 변화를 현미경으로 관찰하거나 컴퓨터단층촬영술computed tomography로 뼈에 남은 병변을 보다 정밀하게 분석해낼 수 있어서 과거 집단의 괴혈병 사례들이 많이 보고되고 있다.

괴혈병과 관련된 영양소인 비타민 C는 기본적으로 피부와 뼈, 연골 조직의 단백질 성분을 구성하는 콜라겐을 형성하고 성숙시키는 역할을 한다. 하지만 섭취가 부족하면 혈관이 약화되면서 출혈이 발생하는데, 출혈은 주로 피부 표면과 가까운 혈관이나 근육 활동으로 인한 스

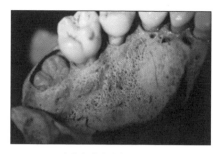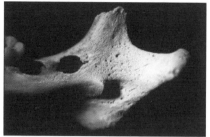

13-2. 위턱의 단단입천장(왼쪽)과 아래턱뼈가지 안쪽(오른쪽)의 비정상적인 작은 구멍들은 괴혈병과 관련된 병변으로 추정된다.

트레스가 많은 곳에 집중된다. 뼈 주변에서 발생한 출혈은 뼈바깥막 periosteum을 자극하여 새로운 뼈조직을 만들어내고, 이로 인해 출혈 부위의 모세혈관이 확장되어 염증성 반응이 생긴다.

이런 변화가 진행되면서 뼈를 통과하는 혈관이 새로 만들어지고 그 결과 뼈대 표면에 비정상적인 구멍이 나타나거나 주변 뼈조직이 과다하게 형성되기도 한다. 이러한 변화는 주로 머리뼈의 바깥막, 머리뼈 밑면의 나비뼈 큰날개, 눈확, 광대뼈 안쪽, 위턱뼈 뒷면, 아래턱뼈가지의 안쪽, 입천장뼈에서 주로 나타난다.

역사적으로 이 질병의 증상을 가장 잘 보여준 집단은 바로 선원이다. 선원들이 가장 무서워했던 질병이 괴혈병이라 할 정도로 이 질병은 오랫동안 많은 선원들의 목숨을 앗아갔다. 존 캐리가 엮은 『역사의 원전 The Faber Book Of Reportage』에서는 18세기 괴혈병으로 고통받았던 선원들을 목도한 리처드 워커의 생생한 증언을 엿볼 수 있다. 그는 당시 괴혈병으로 모두가 사망한 것은 아니지만 "이 병에 조금도 감염되지 않은 사람이 거의 없다시피 했다"고 기록했다. 괴혈병에 걸리면 모세혈관이 약해져 출혈이 발생하고 때로 출혈이 멈추지 않아 심할 경우에는 심장이 멈춰 사망하기에 이르렀다.

대항해시대 포르투갈의 탐험가였던 바스코 다 가마 역시 1497년 희망봉을 돌아 인도를 향하는 수개월 동안 절반이 넘는 선원들을 이 병으로 잃어야 했다. 또 17~18세기 막강한 해군을 앞세워 식민지 원정을 위해 함대를 이끌었던 영국의 군인과 선원들 역시 이 병에는 속수무책이었다. 전투 중 싸우다 죽은 사람의 수보다 이 병으로 사망한 군인의 수가 훨씬 많았다. 이렇게 인류의 장거리 항해가 시작된 이래로 괴혈병의 원인이 밝혀질 때까지 수백 년간 선원들은 이 병의 공포에 시달렸다.

대항해시대의 선원들 외에도 과거 집단의 뼈로 괴혈병에 시달렸던 사람들의 흔적이 다수 확인되었다. 과거 집단에서 특히 영유아에게 괴혈병은 치명적이었다. 즉 모유를 먹는 동안에는 모유를 통해 비타민 C를 공급받을 수 있지만, 수유가 중단되면 음식물을 통해 비타민 C를 섭취해야 하므로 이 시기 식단에 문제가 발생할 경우 영유아 집단 내 괴혈병 발생이 증가할 수 있다.

실제 작물 재배화가 이루어진 초기 농경사회로의 진입 단계에서는 식료의 다양성이 감소하고 영양이 풍부하지 못한 단일작물에 의존할 수밖에 없어 유아 사망률이 이전 사회에 비해 더 높았으며, 이렇게 사망한 집단의 유아 뼈에서 괴혈병으로 인한 병변이 빈번하게 확인되었다. 예를 들어, 농경사회로 진입한 지 얼마 되지 않은 칠레 북부 집단의 뼈를 분석하니 2세 미만의 모든 젖먹이 유아의 뼈대에서 괴혈병 소견이 확인되기도 했다(Snoddy 외, 2017).

또 아일랜드의 대기근(1845~52)이 절정에 달했을 때 사망한 사람들의

13-3. 19세기 중엽 아일랜드에서 발생한 대기근으로 절망에 빠진 사람들의 처참한 상황을 묘사한 조각상.

집단 매장지에서 수습된 뼈에서도 괴혈병과 관련된 병변이 높은 빈도로 나타났다. 집단 내 특히 5세 미만 어린이들의 유병률이 70퍼센트에 가까운 수준으로 가장 높았다(Geber, Murphy, 2012). 19세기 중반 발생한 이 기근으로 인해 아일랜드에서는 100만 명 이상의 사람들이 사망했고 많은 사람들이 거주지를 떠나는 대규모의 집단 이주가 일어났다. 특히 이 사건은 당시 감자 농사와 유제품 일부에 의존해 삶을 연명하던 가난한 사람들에게 가장 큰 타격을 주었다. 그들의 뼈에 남은 흔적은 비타민 C 공급이 주로 감자로 이루어졌다는 사실과, 이 공급이 중단된 처참한 결과를 그대로 보여주고 있다.

나는 우리나라 고고 유적에서 출토된 유소년 집단의 괴혈병 유병률을 분석한 적이 있다. 경남 사천시에 위치한 늑도 유적과 경북 경산시의 임당 유적, 경남 김해시의 예안리 유적에서 출토된 유소년 집단의 뼈대를 대상으로 했는데, 18세 미만인 서른 명의 아이들 뼈대가 조사되었다. 여기에서 늑도 유적은 기원 전후의 우리나라 초기 철기시대를 대표하는 유적이고 임당과 예안리는 삼국시대 유적으로, 이 세 집단 중 임당 유적의 아이들이 9명 중에 4명으로 가장 낮은 빈도를 보였다. 반면에 늑도 유적의 아이들은 8명 중에 6명, 예안리 유적의 경우 13명 중에 12명의 뼈대에서 의심 병변이 확인되었다.

어린이 뼈대가 국내 유적에 많이 남아 있지 않아 연구에 이용된 개체의 수가 제한적이긴 하지만, 유소년 집단의 뼈대로 검토된 괴혈병의 빈도는 상당히 높은 수준이었다. 세 집단 가운데 임당 집단의 빈도가 가장 낮았는데, 왜 그럴까? 이는 임당 집단 아이들의 평균 나이가 세 집단 중 가장 많았기 때문일 수 있다. 연구에 따르면 괴혈병은 특히 생후 5개월에서 24개월 사이의 영유아에게 가장 빈번하게 나타나는 것으로 알려져 있다. 괴혈병으로 인한 병변이 확인되는 아이들의 평균 나이가 가장 어린 집단은 늑도 집단이었다. 이 집단의 경우 평균 나이가 2세 정도였는데, 이는 이유기 진행 동안 비타민 C 결핍이 발생했을 가능성을 시사한다.

또 임당 유적은 삼국시대 '압독국'이라는 소국의 지배계층이 주로 매장된 유적이라, 이 유적의 피장자는 늑도와 예안리에 매장된 집단과는 다른 속성을 지닌 계층으로도 평가된다. 이 밖에 각 유적이 입지한 생태적 환경, 즉 내륙과 해안이라는 조건은 당시 사람들이 안정적으로 섭취할 수 있었던 식료의 종류를 제한했을 것이다. 또 집단 내 사회적 지위와 계급 역시 구성원들 간 자원의 분배에 영향을 미쳐 접근 가능한 식료의 질과 종류를 결정했을 수 있다.

이렇게 집단별 괴혈병 유병에 영향을 미칠 수 있는 요소들이 많지만,

분명한 것은 우리나라 고대사회에 괴혈병이 어린이와 청소년의 건강을 위협하는 질병이었을 가능성이 높다는 사실이다. 이렇게 과거 집단의 뼈대에서 확인되는 괴혈병 사례들은 기본적으로 당시 사람들이 신선한 농작물을 안정적으로 섭취하기 어려운 환경에서 살아갔다는 점을 깨닫도록 한다. 제철 구분 없이 사시사철 먹고자 하는 채소나 과일을 먹고 사는 요즘의 우리가 놓치고 있었던 과거의 모습을 뼈대는 여실히 보여준다.

제14장 지하철역에서 쏟아진 사람뼈

_____동래읍성 해자 유적의 사람들

부산 도시철도 4호선에 위치한 수안역사 1층에는 2011년에 문을 연 동래읍성임진왜란역사관이 있다. 지하철 역사에 임진왜란 전시관이라니 다소 생뚱맞다고 생각될지 모르겠지만 현재 역사가 위치한 곳이 임진왜란 당시 초기 격전지였던 동래읍성의 해자垓字가 있던 곳이다. 해자는 일종의 방어시설로 왜구의 침입이 잦은 부산포를 지키기 위해 만들어진 동래읍성에 속한 시설 중 하나다. 이 시설은 동래읍성의 성벽에서 30미터 전방에 설치되었으며, 성벽 외부에 폭 5미터, 높이는 1.7~2.5미터 범위로 돌과 흙으로 도랑을 만들고 물을 흐르게 해 적의 침입을 막고자 만들어졌다.

그런데 이 자리에 동래읍성 해자가 있었다는 사실은 2005년 수안역 구간을 공사하는 도중에 우연히 드러났다. 공사가 시작되고 나서 조선시대 돌로 쌓은 석축 시설이 처음 확인되었고, 이 발견을 시작으로 2008년까지 다섯 차례에 걸쳐 수안역 공사구간에 대한 발굴조사가 진행되었다. 그 결과 현재 수안역 아래에 동래읍성의 해자가 있었다는 사실이 밝혀졌다. 임진왜란 당시의 시설인데 공사 이전에 이미 그런 시설이 지하에 매장된 사실을 알고 있어야 하지 않나 생각할 수도 있지만 유감스럽게도 당시 유적의 존재에 대해서는 아무도 예상하지 못했다.

『조선왕조실록』에도 동래읍성의 해자에 대한 기록이 남아 있지만 수안역이 위치한 그 지점이 해자가 위치했던 곳인지는 발굴조사를 담당했던 연구자들도 알지 못했다. 더군다나 임진왜란 당시 동래읍성 전투 상황을 그린 기록화 〈동래부순절도東萊府殉節圖〉에는 해자가 묘사되어 있지 않다. 이렇게 기록으로 정확히 남아 있지 않는 한 땅속의 문화유산은 일단 파봐야 비로소 그 정체를 파악할 수 있다.

14-1. 임진왜란 초기 전투로 기록된 동래성 전투 당시 성을 지키기 위해 싸우다 순절한 동래부사와 백성들을 기리기 위한 기록화 〈동래부순절도〉.

동래읍성의 해자 유적에서는 임진왜란 당시 왜군에 맞서 싸울 때 사용했던 조선시대 전기의 창과 활을 비롯한 무기들이 출토되었고, 이와 더불어 사람뼈가 무더기로 쏟아져 나왔다. 성을 방어하기 위해 물이 흐르도록 파놓은 시설에서 무기와 사람뼈가 다량으로 출토되었으니, 전쟁 상황에 그 모든 것들이 고스란히 묻혔다는 것을 쉬이 짐작할 수 있다. 임진왜란 전적지는 곳곳에 있지만 이렇게 당시 전황을 생생히 파악할 수 있게 하는 유적은 이 해자 유적이 유일하다.

동래읍성은 조선 초에 처음 축조된 이후 임진왜란 때 일본군에 의해 함락되고 나서 140년간 방치되다가 영조 7년(1731)에 동래부사 정언섭에 의해 수축이 이루어졌다. 당시 동래성 재건을 위한 공사 중 다수의 사람뼈가 드러나 이를 수습하고 제사를 지내도록 했다는 기록이 『여지집성興地集成』에 남아 있다. 그러니 수안역 공사로 인해 뼈가 드러난 게 이번이 처음은 아니다.

이번 수안역 공사 중에 드러난 뼈들은 특히 해자의 바닥면에 집중되어 있었는데, 관절을 이루는 뼈대의 경우 대부분이 관절면에서 분리되어 일정한 질서 없이 마구 흩어져 있었다. 부위별로 흩어진 양상을 보면 머리뼈와 등뼈보다 사지뼈들이 더 많이 흩어져 있어서 사체가 해자에 방치된 후 관절면에서 뼈대 부위들이 분리될 때까지 해자 속의 물이 계속 흐르고 있었던 것으로 파악되었다.

또 뼈들은 모두 동일한 층위에서 출토되었는데, 이곳에서 수습된 뼈 주인공들의 성별과 나이는 다양했다. 20대가 다수를 차지하지만 여성, 남성 그리고 5세 전후의 어린아이에서부터 40대에 이르는 장년까지 다양한 사람들의 뼈대가 그야말로 마구 뒤섞여 있었던 것이다. 이런 양상은 참전한 사람들이 전투 중에 사망해 해자로 떨어졌다기보다는 이곳에서 있었던 전투가 끝난 후 주변의 시신들이 한꺼번에 해자에 투기되었을 가능성에 더 무게를 두도록 한다.

많은 뼈대가 이렇게 뒤섞인 상황에서는 한 개체에 속하는 뼈대를 모아 개체별로 분류하는 것이 거의 불가능하다. 더불어 몇 사람의 시신이 해자 속에 있었는지도 분명하게 파악하기 어렵다. 다만 중복되는 뼈대 부위를 토대로 최소한 몇 사람의 시신이 있었을지, 최대로는 몇 명이 있었을지 추정해볼 수는 있다. 수안역 공사구간의 발굴 현장에서 확인된 뼈대는 최소 81명, 최대 114명에 달하는 것으로 추정되었다. 이 가운데 80명의 뼈대는 성별이 추정되었는데, 남성이 70퍼센트 이상으로 대다수를 차지했다. 이렇게 어느 한 성별이 대다수를 차지하는 건 자연스러운 죽음의 결과가 아니었을 가능성이 높다.

연구자들이 해자 속에서 출토된 뼈대를 분석한 결과, 몇 가지 주목할 만한 사실들이 밝혀졌다. 먼저 뼈에 남은 외상의 흔적인데, 외상이 발생한 후 치유되는 과정에서 나타나는 변화가 전혀 없었다. 따라서 이러한 외상의 흔적은 사망 무렵 발생한 것으로 추정되는데, 주로 머리뼈에서 골절이나 자상이 확인되었다. 칼처럼 날카로운 무기에 베인 흔적은 남성 세 명, 여성 한 명으로 모두 네 명의 머리뼈에서 발견되었고, 총이나 화살촉 또는 창에 의한 상흔과 둔기에 의해 생긴 함몰 골절흔이 각각 성별을 알 수 없는 두 명의 머리뼈에서 발견되었다. 이러한 흔적들은 결국 사망의 직접적인 원인이 되었을 뿐 아니라 주인공을 즉사하게 만들었을 가능성이 크다.

이 가운데 날카로운 날이 있는 금속 무기에 베인 흔적이 남은 여성의 머리뼈에는 두 번의 공격이 가해졌다. 한 번은 이마뼈 뒤에서 마루뼈가 가로로 잘려나갔고, 그 뒤쪽으로 오른쪽 마루뼈에 또다른 상흔이 하나 더 남아 있다. 아마도 처음에 오른쪽 뒤통수 부분으로 살짝 비켜내려 맞은 칼을 결국 피하지 못하고 앞쪽에서 다시 맞은 듯 보인다.

이런 흔적은 어린아이의 뼈에도 남았다. 5세 전후 어린이의 오른쪽 이마뼈에 날카로운 힘이 가해졌을 때 생기는 골절흔이 남았다. 왜군이 쏜 조총에 맞은 것으로 추정되는 흔적이다. 임진왜란에 앞서 일본에 전해진 조총이 말 그대로 하늘을 나는 새(새 鳥)도 떨어뜨린다는 위력을 조선인을 향해서도 발휘한 것이다. 그리고 그 조총의 총알이 지나간 것으로 보이는 흔적이 다섯 살이나 되었을까 말까 한 아이의 이마에 들쭉날쭉하게 남아 있다.

머리에 가해진 외상의 흔적은 그 자체가 어떤 종류의 힘이나 무기에 의해 폭력이 발생했는지를 파악할 수 있는 단서가 되어준다. 뼈에 남는 외상흔의 종류는 두 가지 양상으로 구분된다. 즉, 주로 끝이 날카로운 무기를 사용해 예리한 힘이 가해졌을 때의 양상, 또는 대개 무디고 둔탁한 힘이 가해졌을 때의 양상이다. 날이 있는 무기에 의해 날카로운 힘이 가해졌을 때는 뼈 표면에 'V' 모양으로 흔적이 남기도 하는데, 이런 흔적은 주로 얇은 날의 칼, 도끼에 의해 발생한다. 반면 추락이나 충돌 사건, 또는 뭉툭한 무기로 둔탁한 힘이 가해졌을 때 나타나는 외상은 날카로운 힘이 가해졌을 때보다 외상의 범위가 더 넓은 경향이 있다. 그리고 타격 부위를 중심으로 대개 주변에 골절 혹은 골절선을 동반한다.

머리뼈에 남는 외상흔은 간접적인 힘의 작용보다는 직접 접촉에 의해 주로 발생하며, 다른 부위에 발생하는 외상에 비해 개인 간 폭력이나

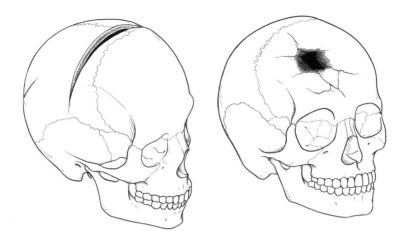

14-2. 20대 여성으로 추정된 머리뼈. 날카로운 날이 있는 무기로 정수리를 맞아 머리뼈에도 상흔이 고스란히 남아 있다(왼쪽).

14-3. 5세 전후 어린이의 머리뼈에는 이마에 조총을 맞은 흔적이 남아 있다. 총포와 같은 화기에서 발사된 탄알이 빠른 속도로 통과하면서 아이의 얇은 이마뼈에 구멍을 남긴 것으로 추정된다(오른쪽).

사회 간 분쟁의 결과로 나타나는 경우가 많다. 동래읍성 해자 유적에서 확인된 머리뼈의 외상흔은 날카로운 힘과 둔탁한 힘에 의한 결과가 모두 나타나며, 여기에는 분명 조총, 일본도와 같은 칼, 창 등과 같은 무기가 사용되었다. 또 머리뼈 외상흔이 가장 빈번하게 발생하는 부위로 알려져 있는 이마뼈와 마루뼈에 대부분의 외상흔이 남아 있는 것도 특징이다.

동래읍성 해자의 머리뼈에서 관찰되는 외상흔은 일본 에도시대 머리뼈에서도 확인된다. 도쿄의 국립과학박물관에 소장된 에도시대 사람 1203명의 머리뼈를 조사한 결과, 5퍼센트 미만의 빈도로 외상의 흔적이 확인되었다(Sakaue, 2014). 이 정도의 빈도는 일본 중세시대 집단의 머리뼈 외상흔 빈도와 비교하면 상당히 낮은 수준이며, 이는 에도시대가 비교적 평화로운 시대였음을 반증하는 결과로 해석되었다.

그런데 에도 집단의 머리뼈 가운데 동래읍성 해자의 머리뼈에서 보이는 외상흔과 유사한 모습이 있다. 즉 날카로운 금속 무기에 의한 외상흔인데, 이에 대해 연구자들은 뼈의 주인공이 에도시대 당시 처형된 범죄자였을 가능성을 제시하였다. 평화로운 시대에 범죄자들을 참수하는 과정에서 발생했을 것으로 보이는 외상의 흔적이 바로 동래읍성 해자의 머리뼈에 남아 있는 것이다.

외상에 의한 흔적 다음으로 눈에 띄는 결과는 치아에 남은 에나멜형성부전증의 빈도다. 32명의 위턱과 아래턱에 남아 있는 치아가 분석되었는데, 이중 26명의 이에 에나멜형성부전증이 남아 있었다. 이 결과는 무려 80퍼센트가 넘는 사람들이 성장기에 영양부족을 경험하며 자랐다는 것을 의미한다.

또 이 결과는 에도시대 일본인 집단을 대상으로 한 연구 결과와 유사하다. 일본 도쿄의 에도성 부근 유적에서 출토된 집단(144개체)의 에나멜형성부전증 유무를 조사한 결과, 전체 집단의 유병률이 80퍼센트를 넘었다(Nakayama, 2019). 특히 에도시대 초기에 속하는 집단의 유병률이 더 높다가 17세기 이후 감소하는 경향을 보였다. 이러한 변화는 에도시대 도시의 생활환경 및 공중보건과 관련된 조건들이 점차 개선된 결과일 수 있다.

두 집단의 에나멜형성부전증 빈도를 조사한 결과를 보면 임진왜란 무렵 조선이나 일본이나 어디든 먹고사는 게 쉽지 않았던 것으로 보인다. 하지만 평균 키는 당시 일본인보다 조선인이 더 컸던 것으로 추정된다. 해자에서 수습된 뼈대 중 남성으로 추정되는 열아홉 명의 평균 키는 163센티미터 정도로 추정되었고, 여성으로 추정되는 다섯 명의 평균 키는 153센티미터 정도로 추정되었다. 이는 에도시대 일본인의 평균 키보다 약 10센티미터가 더 큰 수준이다.

그렇다고 현재 동래읍성 해자 유적에 남아 있는 뼈대 중에 일본인이 전혀 없다고 단언할 수는 없다. 일본군 사망자도 당연히 있었을 것이다. 하지만 동래성이 일본인에 의해 함락되고 그 일대가 일본군의 수중에 들어갔으니 그들의 시신은 이후에 일본인들이 수습해갔을 가능성이 높지 않을까? 또 유적에 일본군의 무기가 거의 남아 있지 않다는 사실 역시 무기의 주인들이 살아서 대부분 무기를 거둬갔기 때문으로 짐작할 수 있다. 이러한 점을 고려하면 해자에서 발견된 뼈들의 주인공이 대부분 누구일지 충분히 가늠된다.

1592년 음력 4월 14일 조선 침략을 감행한 일본군은 부산진을 함락하고 동래읍성으로 진군하여 두 번째 전투를 벌였다. 전쟁 초기 제대로 된 무기를 준비할 새도 없이 여성은 물론이고 아이까지 전투에 휘말린 격렬했던 그날의 흔적은, 400여 년 동안 공기가 차단된 해자의 펄 속에서 더이상 뼈조직이 새로 자라지 않는 그들의 뼈에 잘 남아 있었다.

제15장 구한말의 에이즈, 매독과 공창

_____ 서울 진관동 유적의 매독 사례

인류 역사상 전염병이 없었던 시대는 없다. 시대와 지역, 계급의 구별 없이 위세를 떨친 전염병은 때론 세계를 지배하고 때론 한 사회의 흐름을 멈추었다. 사스, 신종플루, 메르스, 코로나19까지 현대에도 전염병은 여전히 가장 큰 파괴력을 가진 재난이다. 그러니 병이 어디에서 기원해 어떤 매개로, 어떻게 확산되었는지 알지 못했던 과거에는 전염병에 대한 공포가 본능의 임계치를 넘어 한 사회를 마비시키는 지경이었으리라 충분히 짐작된다.

전염병은 자연재해나 전쟁이 발생했을 때보다 더 많은 사람들을 일시에 사망시킬 수 있어서 사회 전반에 미치는 파급효과가 무척 크다. 그래서 이에 대한 연구는 사회경제적으로는 물론 의학적으로도 중요하게 다루어져왔으며, 고병리 차원에서도 상당한 의미를 갖는다. 먼저 과거 우리 조상들이 어떤 질병으로 고통받는지를 구체적인 증거로 파악할 수 있게 해준다. 또 다양한 시대와 집단의 감염 사례들과 비교함으로써 역학적 차원에서 질병의 발생과 전파 과정을 유추할 수 있다. 이와 관련해 특히 최근에는 뼈에 남아 있는 병원체의 유전자 염기서열을 확보해 질병의 기원지 파악은 물론 전파와 진화 과정을 복원하기도 한다.

하지만 모든 전염병이 뼈에 흔적을 남기지는 않는다. 고로 인류 역사에 등장하는 전염병은 수없이 많지만 고병리학자들이 주로 관심을 가져온 전염병은 몇몇에 집중되어 있다. 바로 인류 역사에서 가장 오래된 질병 중 하나인 결핵, 중세 유럽의 막을 내렸던 흑사병(페스트), 유대-기독교 경전에도 등장하는 나병, 성 접촉을 매개로 하는 매독 정도다.

이 가운데 결핵은 이집트의 미라에도 그 흔적이 남을 정도로 역사가 오래되었다. 역사로 치자면 이 병이 인류 최초의 전염병이었을지 모른다. 유전학 연구에 따르면 적어도 7만 년 전 아프리카의 초기 인류 집단에 이 질병이 이미 존재했고, 이후 호모 사피엔스가 아프리카를 떠나면서 전 세계로 병원균이 확산되었다(Buzic, Giuffra, 2020). 그러니 결핵은 수만 년간 인류와 동거동락해온 질병이다.

이 반갑지 않은 병은 인류가 정착하며 동식물을 재배하고 사육하기 시작하면서 순식간에 퍼져나갔고, 그 흔적이 뼈에도 남아서 많은 사례들이 보고되었다. 결핵은 고병리 분야의 국제 학술지에 가장 많이 실렸을 정도로 지금도 연구가 활발히 진행 중인 질병이다. 역사가 긴 만큼 곳곳에 흔적도 많고 지역별 변이를 비롯한 연구 주제도 다양하기에 고병리학계의 거물급 인사들이 여전히 결핵 연구 프로젝트에 매달리고 있다.

초기 결핵 사례들은 근동과 유럽 지역에서 다수의 사례들이 보고되었고 중국과 일본에서도 뼈로 결핵이 확인된 바 있다. 동아시아의 결핵 발생은 중국 대륙으로부터의 인구 이동, 농경문화의 확산 과정과 밀접하게 관련된 것으로 알려져 있다. 중국은 기원전 3세기 이전에, 일본은 야요이彌生시대에 처음 결핵이 발생하였다고 보고되었으며, 우리나라의 경우 단 한 건에 불과하지만 기원전 1세기 무렵의 사천 늑도 유적 출토 집단의 뼈에서 결핵 사례가 확인된 바 있다.

결핵이 만성 전염병을 대표한다면 흑사병은 감염되자마자 하루이틀 새 사망에 이를 수 있어 급성 전염병을 대표하는 질병이다. 두 차례의 세계대전 동안 사망한 사람보다 더 많은 사람들이—특히 유럽은 당시 인구의 적어도 3분의 1에 해당하는 사람들이—흑사병에 걸려 사망한 것으로 추산된다. 역사적으로 널리 인정받는 세 건의 팬데믹 중 두 번째 팬데믹이 바로 14세기경부터 약 500년간 지속된 흑사병이니 이 병의 대유행이 당시 얼마나 큰 참사였는지 알 만하다.

흑사병은 유럽 대륙 밖에서도 창궐했다. 중세 인도와 중국에서도 흑사병으로 인해 단기간에 인구가 급감했다는 기록이 있다. 또 19세기에도 중국의 경우 흑사병이 발생해 수백만 명이 생명을 잃었다는 내용이 있으며, 위생과 의료 분야에 공을 들인 메이지시대 일본에도 흑사병 환자가 발생했다는 기록이 있다. 우리나라의 경우, 세계사적 흐름으로 보자면 고려시대에 이 병이 유입되었을 가능성도 있지만 당시 문헌에는 급성 전염병을 의미하는 역병에 대한 기록만 있어 흑사병이라고 단정지을 수 있는 공식적인 기록은 없다.

하지만 사실 흑사병은 급성으로 악화되어 빠른 시간 내에 숙주를 사망하게 하므로 뼈조직의 형태를 변형시키지는 못한다. 뼈에까지 영향을 미치려면 병에 걸린 이후 상당 시간 환자가 생존해 있어야 하는데 그렇

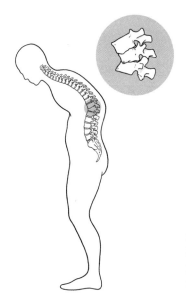

15-1. 사천 늑도 유적에서 확인된 결핵 병변. 결핵균이 등뼈를 변형시킨 사례로 연속하는 가슴등뼈 11번, 12번, 허리등뼈 1번의 몸체가 심각하게 변형되어 앞으로 기울어진 모습이다.

지 못하기 때문이다. 이로 인해 흑사병에 대한 연구는 유전자 분석에 의존해 이루어지고 있다. 즉 이 병으로 사망하여 집단 매장된 사람들의 뼈에 남아 있는 원인균의 염기서열을 토대로 병의 기원지와 전파 과정을 추적한다. 현재 흑사병의 잠정적 기원지로는 키르기스스탄, 몽골, 중국, 유럽이 빅매치를 벌이고 있으나, 여전히 기원과 확산의 경로가 명확하게 밝혀지지 않았다. 이처럼 원인균의 가장 이른 선조를 찾는 작업은 그리 간단치가 않다.

다음으로 나병은 앞의 두 질병과는 다른 의미로 특별한 공포를 일으켰던 만성 전염병이다. 이 병에 대한 기록은 기원전으로 거슬러 올라가 이집트 문헌에도 등장할 만큼 결핵과 함께 오랜 역사를 자랑한다. 19세기 후반 노르웨이 의사 한센Gerhard Armauer Hansen(1841~1912)이 병을 일으키는 원인균인 나균Mycobacterium leprae을 발견해 오늘날에는 한센병이라고도 한다.

일단 이 병에 걸리면 얼굴과 손발의 말단부가 변형되고 뼈에도 흔적이 남는데, 주로 말단부의 뼈조직이 용해되는 특징을 보인다. 또 피부조직에 발진이나 결절이 생겨 공포와 동시에 혐오와 편견의 대상이 되었다. 우리나라에서도 이 병을 천형天刑이라고 하여 병에 걸린 사람들을 일반사회에 수용하지 않았던 역사가 있다. 이처럼 과거 환자들은 사회에서 추방되거나 격리되는 일이 비일비재했는데, 중세 유럽에서는 나병에 걸리면 시민권을 박탈하고 수용소에 격리하기도 했다. 전 세계에 마련된 레프로사리움leprosarium이라는 나병 환자 수용소가 바로 이 병에 대한 사회적 낙인의 증거다.

유럽의 경우 십자군 전쟁 동안 이 병이 크게 확산되었으며, 우리나라에는 조선시대 나질이라고도 불렸던 나병이 세종 27년(1445)에 제주에서 발생하여 유행했다는 기록이 있지만 아직 옛사람의 뼈에서 확인된 사례는 없다. 지금까지 고고 유적에서 출토된 나병 사례는 유럽에서 가장 많이 발견되었으나 인도, 중국, 일본, 태국, 우즈베키스탄 등지에서도 보고되었다. 우리나라는 전염병으로 사망한 사람들을 집단 매장하는 전통이 드물어 해외의 경우처럼 특정 전염병에 걸린 사람들의 뼈대가 대량으로 확인되기는 어렵다.

뿐만 아니라 조선시대 문헌에는 나병 환자들이 가족에게 버림받고 지역사회에서 추방되어 사회의 최하층으로 전락해 고통받는 사례들이 흔히 등장한다. 따라서 사후에도 그들을 정상적으로 매장하기는 힘들었을 것으로 보인다(신동훈, 신은경, 2019). 다만 신분이 높은 사람이 병에 걸린 경우 간호와 사후 장례가 잘 진행된 경우도 없지는 않았기에 추후 상류층이 매장된 분묘 유적을 발굴할 경우 나병에 의한 병변을 확인할 가능성이 있다.

나병에 의한 뼈 병변은 덴마크의 의사였던 크리스텐센Møller-Christensen(1903~88)이 남긴 선구적인 연구 덕분에 정리가 잘 되어 있다. 크리스텐센은 중세 덴마크의 나병환자 병원에 수용되었다가 매장된 사람 750명의 뼈를 분석하여 나병이 뼈에 남긴 흔적들을 정리하였다. 이렇게 확실하게 특정 질병으로 사망한 사람들의 뼈가 연구에 이용될 수 있으면 그 분야의 연구를 해나가는 데에 많은 도움이 된다. 현재 이 뼈들은 코펜하겐대학의 의학박물관에 소장되어 있다.

마지막으로, 나병과 비슷한 증상을 보여서 처음에 나병의 일종이라고 여겨졌던 매독은 지난 역사에서 매우 독특한 위치를 차지한다. 모태로부터 감염되어 태어나는 경우가 있긴 하지만, 매독균의 가장 중요한 전파 경로가 성 접촉이라는 이유로 매독은 성이 억압되고 성적 자유가 죄악으로 여겨졌던 시대에는 은폐되기가 쉬웠다. 나병이 겉으로 드러나는 증상으로 인해 혐오와 편견의 대상이 되었다면, 매독은 병인에서 비롯된 무시와 모욕으로 은폐와 낙인화가 이루어졌다.

상황이 이렇다보니 과거 매독은 의학적으로도 역사적으로도 그 정체가 명확하게 드러나지 않아 '은둔자의 병'이라 불리기도 했다. 또 이름만 들으면 누구나 아는 역사 속 인물들이 많이 걸려 '천재들의 병'이라고도 했고, 다른 병들과 유사한 증상이나 병변이 많아 '위대한 모방꾼'이라는 별명도 붙었다.

이 병은 15세기 말 처음 나타나 1500년대 이후 전 세계에 대유행하면서 공공의 건강에 심각한 위협이 되었고, 20세기 중반 항생제가 만들어지기 이전에는 높은 유병률을 유지하며 맹위를 떨쳤다. 15세기 말부터 20세기 중반까지 무려 500년 동안 유럽 인구의 약 15퍼센트가 이 병으로 사망했다고 추산된다. 이 병을 일으키는 원인균인 트레포네마Treponema속에 속하는 스피로헤타spirochete균이 발견된 것은 1905년에 이르러서였다.

트레포네마속에 속하는 균들이 유발하는 질병, 즉 트레포네마병은 핀타pinta, 요스yaws, 베젤bejel, 매독syphilis으로 구분되는데 이 가운데 트레포네마팔리둠treponema pallidum, 일명 매독균이 일으키는 매독이 가장 치명적이라고 알려져 있다. 앞의 세 종류는 풍토병화된 트레포네마병이며, 성 접촉에 의한 전염이 이루어지지 않는다는 점에서도 매독과는 구별된다.

매독에 걸리면 먼저 피부조직에 발진이나 궤양이 생기고 내부 장기로 균이 침범해 심혈관계와 신경계에 치명적인 손상이 일어난다. 증상이 전개되는 양상에 따라서 병을 1기에서 3기로 나눌 수 있는데, 뼈에 병변이 남는 증상은 주로 2기 이후부터 시작된다. 대표적으로 머리뼈 조직이 감염에 의해 파괴되고 코뼈도 중간이 움푹 들어가 말 안장 모양으로 변형된다. 유럽에서는 이를 숨기기 위해 다른 부위의 피부를 코에 이식하는 수술까지 등장했다. 이 밖에 사지뼈에도 감염에 의한 염증성 반응들이 나타나는데, 3기가 되면 관절염이 심각한 수준으로 나타나 관절면의 변형도 함께 나타난다.

고병리학계에서는 이 병에 대한 연구가 상당히 일찍부터 진행되었고 그 사례들 역시 세계 각지에서 다양하게 보고되어왔다. 특히 매독은 기

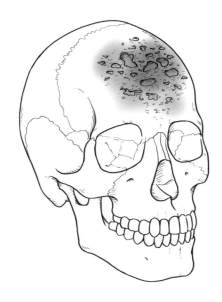

15-2. 머리뼈에 남은 매독 병변. 매독균이 머리뼈에 염증성 반응을 일으켜 나타나는 대표적인 양상으로 매독 환자의 경우 머리뼈 표면이 울퉁불퉁해지며, 이마뼈 외에도 염증성 반응이 얼굴머리뼈 곳곳에 나타난다.

원지가 어디인가를 두고 500년 넘게 논쟁이 끊이지 않았다. 가장 잘 알려진 신대륙 기원설은 콜럼버스 원정대가 1492년 아메리카 대륙에 도착해 그곳 원주민에게서 이 병을 옮아와 유럽에 전했다는 내용이다.

이후 이에 반하는 구대륙 기원설, 즉 콜럼버스 원정대가 유럽으로 돌아오기 전에 이 병이 이미 유럽에 존재했다는 주장도 제기되었다. 이를 뒷받침하는 증거로 콜럼버스 귀환 이전 시점의 유럽 유적에서 매독 사례가 보고되거나 뼈 시료에서 매독균의 염기서열이 확보되기도 하였다. 그러나 여전히 신대륙 기원설의 확고한 입지를 완전히 뒤집지는 못하고 있다. 즉 연대 측정이 정확하지 않을 가능성이 있고 유전학 연구로 확보한 시료도 일부이기에 아직 신중을 기해야 한다는 입장이다. 현재까지의 증거를 본다면 설사 매독균이 1492년 이전에 유럽에 존재했더라도 그 위세가 맹렬했던 것 같지는 않다.

이렇게 매독에 대한 연구는 기원지에 초점이 맞추어지면서 유럽 중심으로 흘러왔다. 유럽에서는 일찍이 이 병이 대유행하면서 원수지간인 나라나 집단의 이름을 따 병의 이름이 다양하게 작명되기도 했다. 즉 프랑스에서는 나폴리병, 영국과 이탈리아에서는 프랑스병, 네덜란드·덴마크·포르투갈에서는 에스파냐병 혹은 에스파냐 왕국의 기초가 되었던 카스티야 왕국의 이름을 딴 카스티야병, 러시아에서는 폴란드병, 폴란드에서는 독일병, 그리스에서는 불가리아병, 터키에서는 가톨릭병이라 불렸다.

이에 반해 매독균이 아시아에 언제 들어와 퍼졌는지에 대한 연구는 거의 이루어지지 않았다. 인도와 중국, 필리핀, 일본 등지에서 매독 사례들이 보고되었지만 유럽에 비하면 사례가 많지 않아 이 병이 아시아 내에서 어떻게 퍼져나갔는지는 여전히 불확실한 부분이 많다. 다만 역사 기록을 보면 서양과의 무역을 통해 중국에 먼저 이 병이 전파된 후 우리나라와 일본에 전해진 것으로 추정되며, 세 나라 모두 거의 비슷한 시기에 매독이 들어와 퍼진 것으로 보인다(Suzuki, 1984).

우리나라 문헌 중 매독에 대해 언급한 가장 오래된 기록은 이수광 (1563~1628)의 『지봉유설』이다. 여기에는 매독을 가리키는 '천포창天疱瘡'이 서양에서 중국으로 유입된 뒤 중국 정덕正德 연간(1506~21)에 조선으로 전해졌고, 일본에서는 1512년에 교토에 창궐했다고 되어 있다. 허준의 『동의보감』에는 "천포창은 일명 '양매창楊梅瘡'이라고도 하는데 … 성생활을 통해서 전염된다. 헌데의 모양은 양매 같은데 화끈화끈 달고 벌겋게 되며 진물이 흐르면서 가렵고 아프다"고 하는 내용이 있다.

기록에서 알 수 있듯이 우리나라에서 매독은 천포창, 양매창이라는 이름으로 불렸고 유행의 근거지로 파악되었던 곳의 이름을 따 광동창廣東瘡이라고도 했다. 마찬가지로 일본에서도 중국에서 유래했다고 해서 당창唐瘡 혹은 유구창琉球瘡이라고 불렸다. 일본에서는 16세기 중반에 도시를 중심으로 매독이 퍼졌고 특히 에도시대에 유곽이 발전하면서 유행의 확산세가 더욱 가속화되었다고 평가된다.

일본의 마지막 쇼군인 도쿠가와 요시노부德川慶喜의 주치의가 남긴 기록에 따르면 에도시대에는 하층민의 경우 약 95퍼센트가 매독으로 고통받았을 것으로 추정된다. 또한 에도시대 명의가 쓴 소설에는 19세기 초 병원을 찾는 환자의 70~80퍼센트가 매독 환자였다고도 한다. 일본에서 이 병이 17세기 이후 무서운 속도로 확산되었다는 것만은 분명한 듯 보인다. 또 일본의 고병리학자 스즈키 다카오鈴木隆雄는 에도시대 불법 홍등가가 있었던 도심에서 발견된 뼈대에 매독에 의한 병변이 많이 남아 있다고 하였다.

한편 국내는 매독이 유입된 후 19세기 전까지의 상황이 불분명하다. 다만 조선시대 울산 출신의 무관 부자父子인 박계숙(1569~1646)과 그의 아들 박취문(1617~90)이 함경도 회령 지역에서 군관으로 지내며 작성한 『부북일기赴北日記』에 당시의 상황을 추정해볼 수 있는 단서가 남아 있다. 아들 박취문은 가족과 떨어져 지내며 많은 여성들을 만났는데 자신이 언제 어떤 신분의 여성을 만났는지를 일기에 남겨두었다. 2대에 걸쳐 상세하게 기록한 일기에서 아들 박취문은 그가 만났던 여성 중에 하녀 한 명과 기생 한 명이 당창에 걸렸고 이것이 1644년, 1645년에 있었던 일이라고 했다. 이런 내용을 고려해보면 17세기 중반 조선에도 매독이 어느 정도 퍼졌던 것으로 볼 수도 있다.

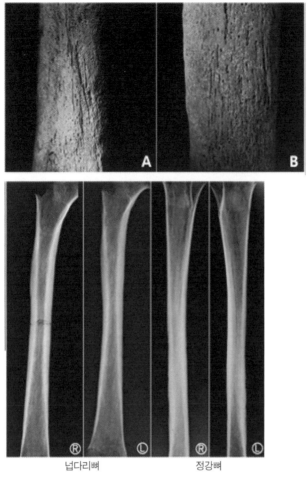

넙다리뼈   정강뼈

15-3. 조선 후기 사람뼈 집단에서 찾은 매독 사례. 넙다리뼈와 정강뼈 표면에 염증성 반응이
뚜렷하다. 아래는 넙다리뼈와 정강뼈를 엑스레이 촬영한 이미지로, 하얗게 보이는 겉질뼈의 두
께가 염증성 반응으로 인해 고르지 못한 양상을 보인다.

하지만 뼈에서는 그 흔적이 거의 확인되지 않았다. 조선시대 유적에
서 나온 집단의 뼈에 매독에 의한 병변이 남아 있는지를 면밀히 조사
했으나 지금까지 단 한 개체에서만 매독으로 추정되는 병변이 확인되

었다. 즉 서울 은평구 진관동 유적의 회묘에서 출토된 노년 남성의 머리뼈와 사지뼈에 매독 3기로 보이는 염증성 반응이 확인되어 학계에 보고되었다. 이 사례의 경우 방사성탄소연대측정법으로 얻은 추정 연대가 1800, 1810, 1865년으로 나와 조선 후기의 사람으로 파악된다.

19세기 이전까지 국내 매독 유병률을 짐작할 수 있는 자료는 전무하다시피 하지만, 19세기 이후부터 20세기 초반까지는 매독의 유병률이 국내에서도 상당했다. 조선 최초의 서양식 병원인 제중원의 의사가 1886년 정부에 보고한 바에 따르면 당시 말라리아 다음으로 매독 환자가 많았으며 그 비중이 약 10퍼센트 정도 되었다. 또 국내에서 천연두 예방을 위해 최초로 종두법을 시행했던 지석영(1855~1935)이 1902년 『황성신보皇城新報』에 발표한 글(「양매창론」)에는 당시 그의 병원을 찾는 환자의 70~80퍼센트가 매독 환자였다는 내용이 있다.

그러니 조선 후기 무렵부터 국내에도 매독 문제가 상당히 심각했음을 알 수 있다. 1876년의 부산 개항 직후부터 일본인 유곽업자와 창기들이 조선에 등장함으로써 일본의 합법화된 성매매 제도가 조선에 그대로 이식되었다. 따라서 구한말의 개항과 일제 강점기에 자리잡은 공창제가 매독 유병률을 극적으로 치솟게 한 원인이 되었을 것으로 보인다.

당시 매독은 20세기 에이즈가 전 세계를 공포에 떨게 했던 것만큼 구한말의 에이즈로 비유될 만하다. 두 질병 모두 환자에 대한 편견과 혐오, 병인과 관련된 위험 환경에 노출된 집단의 소외가 함께 이루어졌다. 이처럼 천형이라 불렸던 질병의 재앙은 역사에서 반복되고 있다.

04
진화하는 뼈, 진화하는 연구

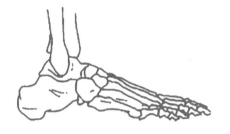

제16장 신석기 사람들의 사각턱

___부산 가덕도 장항 유적의 사람뼈 집단

고고 유적에서 출토된 사람뼈를 통해 우리는 이 땅에서 살아온 사람들의 역사를 추적할 수 있다. 말하자면 이 땅에 처음으로 정착해 살았던 사람들과 오늘날 우리가 어떻게 같고 다른지를 분석해 우리 집단이 어떤 과정을 거쳐 오늘날에 이르렀는지를 탐구할 수 있게 된다. 이게 가능한 이유는 우리 몸속의 뼈가 오랜 시간 삶의 다양한 변수들에 대응하며 진화해온 결과로 현재의 생김새를 갖게 되었기 때문이다.

머리뼈의 형태나 치아의 개수, 턱의 모양과 팔다리뼈의 비율, 손발뼈의 생김새 등이 처음부터 지금과 같은 모습은 아니었다. 현재 우리의 뼈가 이렇게 생긴 건 오랫동안 진화적 환경에서 적응을 거듭해오며 다듬어진 결과다. 그러니 이 땅에 처음 살았던 사람들의 뼈가 지금 우리의 뼈와 같지 않듯, 각각의 환경에 적응해 그 땅에 뿌리내리고 살아온 사람들의 뼈 역시 우리 집단의 뼈와는 생김새가 다를 수밖에 없다. 하지만 다른 집단이라도 서로 같은 지역에 뿌리를 두었거나 최근에 이주하여

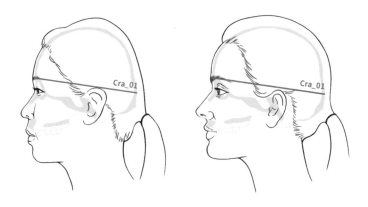

16-1. 짧은머리형과 긴머리형의 머리뼈 최대길이 비교. 머리뼈지수를 구할 때 필요한 머리뼈 최대길이는 양미간 사이 가장 튀어나온 점과 뒤통수에서 가장 돌출된 점 사이의 거리를 측정한 수치다.

서로 갈라진 집단이라면 그 차이가 크지 않을 수 있다.

이렇게 고고 유적에서 출토된 집단의 뼈 형태를 분석하면 어느 집단과 집단이 서로 더 가깝고 먼지를 살펴보고 그 이유를 추적해 해당 집단들의 관계를 파악할 수 있다. 이때 집단의 뿌리가 어디에 있으며 어떤 과정으로 현재 집단이 형성되었는지를 밝히는 데에는 특히 머리뼈가 다른 어떤 부위보다 많이 이용되었다. 그 이유는 머리뼈의 형태는 다른 뼈대와 달리 움직임에 의한 변형은 거의 없지만 유전적 요인의 영향을 많이 받으며, 이 밖에도 지리적 위치나 기후, 생계방식의 차이를 반영한다고 알려져 있기 때문이다.

가장 대표적으로 머리뼈 최대너비를 최대길이로 나눈 머리뼈지수(혹은 두장폭지수라고 함. 머리뼈 최대너비/최대길이×100) 값은 시대와 집단에 따라 그 차이가 관찰되어왔다. 이 지수 값이 클수록 머리뼈의 앞뒤길이가

16-2. 태국의 어느 대학에서 분석한 현대인 머리뼈. 연구실 가득 머리뼈가 즐비한 모습이다.

짧은데 구체적으로 값이 80 이상이면 '짧은머리형(단두형)', 75 미만이면 '긴머리형(장두형)', 두 유형의 사이 값은 '중간머리형(중두형)'으로 분류한다. 대체로 한국인을 비롯한 주변 국가의 사람들은 짧은머리형에 속하고 유럽 대륙은 긴머리형에 속하는 사람들이 많다.

이처럼 머리뼈지수를 이용해 머리뼈 형태를 큰 범주로 손쉽게 분류할 수 있지만, 지구상의 모든 집단의 머리뼈 형태를 이런 식으로 간단히 설명할 수는 없다. 예를 들면, 지구에서 가장 넓고 인구가 많은 아시아 대륙의 한국인과 태국인 집단의 머리뼈는 대부분 짧은머리형에 속하지만, 그들의 얼굴과 머리를 보고 있으면 어딘가 우리와는 다르다는 느낌을 받는다. 특히 이런 차이는 사람뼈 연구자의 눈에 더 쉽게 포착된다.

실제 태국의 어느 대학에 소장되어 있는 태국인 머리뼈 200여 개체를 측정할 일이 있었는데, 이를 한국인 집단과 비교하니 역시 차이가 있었다. 예상대로 당시 측정한 태국인 머리뼈 중 70퍼센트 가까이가 짧은 머리형으로 확인되었다. 그러나 이 가운데 25퍼센트 정도는 머리길이가 더 짧은 초단두형에 속하는 것으로 나타났다. 그러니 그들의 머리형태가 달라 보일 수밖에.

우리나라에서도 고고 유적에서 출토된 사람뼈로 머리뼈지수를 측정하는 연구를 진행했다. 그랬더니 조선시대 사람들의 머리뼈는 짧은머리형으로 현대인과 차이가 거의 없으나, 삼국시대 집단의 머리뼈는 중간머리형이었다. 조선시대와 현대인 집단과는 머리뼈 형태가 다소 달랐던 것이다. 또 집단 간 머리뼈 너비의 변화는 거의 없지만 머리뼈 길이는 현대로 오면서 최근까지 점점 더 짧아진다.

이러한 단두화 경향은 특히 1900년대부터 지속되다가 최근 들어 그 변화 경향이 감소되며, 일본 역시 중세시대부터 이러한 경향이 지속되다가 20세기 말에 변화가 둔화된 것으로 알려져 있다. 이러한 현상의 원인에 대해서는 여러 가지 요인들이 언급되지만, 특히 식생활을 비롯한 환경의 변화, 평균 키 증가로 인한 체격과 자세의 변화도 원인일 수 있다고 분석된 바 있다.

이렇게 머리뼈지수처럼 특정 뼈대의 여러 표지점들 사이의 거리나 각도를 측정하여 그 수치를 통해 형태가 갖는 특성을 파악하는 방법을 '계측적 방법 혹은 분석법'이라고 한다. 오래전부터 이 방법으로 수만 년 이상 된 인류 조상의 화석부터 현대인에 이르는 뼈대를 분석하여 우리 뼈의 변천사를 파악해왔고, 또 머리뼈는 물론 우리 몸의 모든 부위를 정말 샅샅이 측정해 어느 부위가 집단별로 혹은 시대별로 어떻게 다른지를 밝혀왔다.

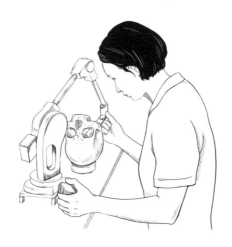

16-3. 3차원 측정 장비(digitizer)를 이용해 머리뼈의 형태를 측정하는 모습. 형태 분석을 위해 필요한 계측점을 오른쪽 펜으로 살짝 갖다 대면 연결된 컴퓨터에 좌표가 찍혀 3차원상에서 이미지를 구현할 수 있다.

이처럼 뼈의 형태가 어떻게 변해왔는지를 살펴보면 우리 집단의 역사가 보인다. 즉 우리 종 호모 사피엔스가 출현한 이래 각 대륙으로 이주하여 적응하고 지구 속속들이 정착하여 현재에 이르기까지 우리 종이 겪어온 적응의 역사가 뼈의 형태에 반영되어 있다. 그렇기에 이 안정적이며 조화롭기까지 한 뼈의 형태는 우리 집단의 정체성을 보여주는 속성이자 정보라 할 수 있다.

이렇게 형태가 중요한 의미를 갖는다면 이 형태를 측정하는 과정 역시 가능한 한 오차가 발생하지 않도록 해야 한다. 그래야만 우리 집단의 속성은 물론 다른 집단과의 비교가 의미 있는 해석으로 이어질 수 있다. 따라서 연구자들은 소수점 둘째자리까지 측정되는 초정밀 계측기를 이용해 한 부위를 여러 번 측정하는 것은 물론, 여러 사람이 시간 간격을 두고 측정해서 차이가 있는지 없는지를 확인한다. 그리고 그 차이가 계측적 분석을 동원했을 때 무시할 만한 차이인지 아닌지를 통계적인 방법으로 검증하고 있다.

하지만 이러한 노력에도 불구하고 2차원상의 측정을 통해 얻어낸 수치는 크기의 영향을 배제할 수 없다. 이 문제는 특히 집단 간의 형태를 비교하려고 수치를 비교할 때 현재의 결과가 크기로 인한 차이인지 형태의 차이에서 기인한 것인지를 구분하기 어렵게 한다. 그러니까 사실 형상은 같고 크기만 다를 뿐인데도 이런 경우 수치상의 차이가 있으므로 형태가 다른 것으로 해석될 수밖에 없다. 이 문제를 해결하기 위해 연구자들은 크기의 효과를 제외하고 순수하게 형태만을 양적으로 분석할 수 있는 방법을 생물학에서 가져왔다.

즉 전통적인 형태계측 방법으로는 길이나 너비, 각도와 같은 수치들이 얻어지지만 이 새로운 방법은 3차원상에서 좌표 정보들을 정렬하고 겹쳐서 무게중심을 통일시킴으로써 개체들 사이에 오직 형태 정보만이 남도록 한다. 따라서 위치, 크기, 방향에 영향을 받지 않는 기하학적 속성을 통해 형태가 갖는 특성을 파악하고 대상 간의 객관적인 비교를 할 수 있게 된다. 또 이전에는 굴곡진 부분의 형태도 단순히 각도와 최대길이 혹은 너비로 비교할 수밖에 없었지만 이제 곡선을 이루는 부분에 수많은 표지점을 찍어 기하학적 도형으로만 만들어내면 형태가 갖는 특성을 분석하고 비교할 수 있다. 이처럼 뼈대의 형태를 기하학적 속성으로 제시한다는 점에서 이 방법을 기하학적 형태계측학 방법이라고 부른다.

이 방법을 이용해 뼈대를 분석하면 복잡한 얼굴머리뼈의 형태에서 비대칭이 발생하는 부위의 특성이나 한국인 눈과 코가 갖는 특성을 다른 집단과 객관적으로 비교하여 파악할 수 있고, 편두 풍습에 의해 머리뼈

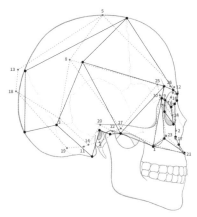

16-4. 조선시대 집단의 머리뼈 형태를 기하학적 형태계측학 방법으로 구현한 모습. 전체 45개의 계측점을 이용해 머리뼈 형태에 영향을 미치는 변이를 양적으로 시각화하여 보여주고 있다. 여기에서 검은색은 여성의 머리뼈 형태 변이를 보여주고 있고, 황갈색의 점선은 남성 머리뼈의 평균 형태를 보여준다.

의 어떤 부위가 어떻게 변형되었는지, 시대에 따라 뼈대 부위의 형태가 어떻게 변해왔는지를 보다 구체적으로 이해할 수 있다. 예로 우리나라 사람들의 아래턱뼈가 어떻게 변해왔는지에 대해서도 이 방법으로 분석이 이루어졌다.

아래턱은 현대로 오면서 어떤 변화가 있었을까? 우리나라 신석기 유적으로는 최대 규모의 사람뼈가 발굴된 부산 가덕도 장항 유적 집단과 초기 철기시대, 삼국시대, 조선시대, 현대인 집단의 아래턱뼈를 기하학적 형태계측학 방법으로 분석했더니 신석기시대 집단의 아래턱만 다른 집단과 다른 형태를 보였다. 구체적으로 신석기시대 집단은 아래턱뼈가지의 길이가 더 짧고 최소너비는 더 넓었지만 나머지 집단은 신석기시대 집단보다 턱뼈가지가 더 길고 너비도 더 작았다. 이러한 차이는 통계적으로도 유효해 두 집단을 명확하게 갈랐다.

아래턱은 얼굴뼈 중 가장 크고 단단한 뼈대로, 치아가 있는 몸통과 좌우 측면의 사각진 부분인 가지로 이루어진다. 여기에서 턱뼈가지는 머리뼈의 관자뼈 부위와 만나 턱관절을 형성하고 씹는 데에 사용되는 근육이 붙는데, 이 부위가 넓으면 당연히 여기에 붙는 근육 역시 클 수밖에 없다. 아래턱의 씹기 근육과 관절을 중심으로 대칭되는 위치인 관자뼈의 씹기 근육 역시 비슷한 크기를 갖는다. 그러니까 가덕도의 신석기시대 사람들은 씹기 근육이 크게 발달한 사람들인 셈이다.

위의 연구결과는 씹는 근육이 달라붙는 아래턱 부위의 뼈대가 더 길고 가늘어지는 변화가 신석기시대와 철기시대 사이에 진행되었을 것이라는 설명을 가능하게 한다. 신석기시대 집단처럼 턱뼈가지가 짧고 넓으면 아래턱이 더 각이 져 사각턱으로 보이기 쉽다. 갸름한 얼굴을 위해 V라인을 선호하는 지금의 기준으로 보자면 결코 좋은 인상이 아니었을 가능성이 높다.

그러나 신석기시대 사람들의 아래턱은 지금까지 이어지지 않았다. 이렇게 아래턱의 형태가 전반적으로 연약해지는 변화는 우리 종의 진화 과정에도 있었다. 또 수렵채집에서 농경으로 생계방식이 점차 전환되면서 이러한 변화가 나타나기도 하는데, 이러한 변화는 어떤 음식을 어떻게 섭취하느냐에 따라 씹는 근육에 부과되는 스트레스의 성격이 달라지는 것과 밀접하게 관련되어 있다.

그렇다면 가덕도 사람들은 어떤 음식을 주식으로 먹으며 살았을까? 뼈에 남은 안정동위원소 분석에 따르면 부산과 거제 사이의 섬인 가덕도의 주민들은 탄수화물보다는 물개나 고래 같은 해양 포유동물과 어패류를 더 많이 먹었던 것으로 파악된다. 이를 뒷받침할 만한 증거로 가덕

16-5. 부산 가덕도 장항의 신석기시대 유적에서 출토된 사람뼈(6호 사람뼈). 국립중앙박물관에 전시되어 있으며 왼쪽은 복원한 모형이다. 40대 남성으로 추정되었고 두 다리를 가슴 쪽으로 굽힌 자세로 묻혔으며 팔과 가슴에 조개팔찌와 목걸이를 걸고 있다.

도 사람들의 뼈에서 귓구멍 안쪽 벽에 골종이 생기는 증상이 높은 빈도로 확인되었다. 이는 물속에서 장기간 압력을 받을 경우 생기는 증상으로 해녀나 잠수부에게서 빈번하게 나타나는 직업병이다. 이로 볼 때 당시 가덕도 사람들은 생계를 위해 깊은 바다에서 많은 시간을 보냈다고 여겨진다.

한편 가덕도 사람들의 아래턱뼈가지가 이후의 집단과 구분되는 이유를 다른 곳에서 찾을 수도 있다. 뼈 시료를 이용한 유전체 연구에서 가덕도 사람들은 남해안에 위치한 여타의 신석기시대 집단과 마찬가지로 선사시대 일본 조몬계 사람들의 유전자를 공유하고 있는 것으로 나타났다. 이 결과는 과거 신석기시대 한반도에 거주했던 집단이 일본인과 가까운 관계였을 가능성이 높다는 사실을 보여준다.

조몬계 유전자는 삼국시대 집단에서도 확인되지만 현대 한국인 집단에서는 거의 사라졌다. 지금의 우리는 유전적인 동질성이 매우 높은 집단이며, 적어도 삼국시대까지 한국인 유전체에 남아 있던 조몬계 유전자는 북중국에서 유입된 집단에 의해 완전히 흡수되어 사라진 것으로 추정되고 있다. 따라서 선사시대 우리나라 인구집단의 유전적 다양성은 현재 우리가 지닌 유전적 다양성보다 더 컸을 가능성이 높다. 이러한 맥락에서 가덕도 집단의 아래턱뼈가지가 보여주는 형태는 선사시대에 다양하게 공존했던 집단의 일면을 보여주는 결과로 해석될 수 있다.

이처럼 뼈의 형태는 집단의 삶과 이에 대한 적응의 결과임과 동시에 유전적 요인에 의해 통제되는 집단 고유의 특성일 수 있다. 이러한 연유로 선사시대 집단의 역사가 뼈의 형태에 반영되어 있으며, 뼈는 지금도 여전히 우리 집단의 삶을 반영하며 진화하고 있다.

제17장 화장된 뼈에서 밝혀낸 것들

____청주 오송 유적의 고려시대 화장묘

시신을 불에 태워 처리하는 장법인 화장은 현대에 이르러 우리나라 전체 장법 중 90퍼센트에 육박할 정도로 흔한 일상이 되었다. 공식 통계에 따르면 20세기 말 국내 화장률은 30퍼센트 미만이었지만 현재는 열 명 가운데 아홉 명이 화장을 선택하고 있다. 과거 조선시대에 화장을 금기시하면서 매장문화가 성행했던 걸 생각하면 장례문화의 급격한 변화가 격세지감을 느끼게 한다. 그렇다면 유적에 남겨진 화장의 흔적은 어떠할까? 화장의 흔적은 우리나라뿐 아니라 전 세계에서 보고되며 그 역사 또한 수만 년 전으로 거슬러 올라간다. 특히 유럽에서 화장된 사람뼈 잔해가 많이 보고되었는데, 영국의 경우 신석기·중석기시대 유적에서 화장의 흔적이 확인되며 초기 청동기시대부터 앵글로색슨시대까지 화장이 일반적인 장법으로 지속되었다.

우리나라에서 지금까지 발견된 사례를 보면 신석기시대 무렵부터 화장의 흔적이 확인된다. 1998년 발견된 진주시 대평면 남강 유역의 상촌리 신석기시대 유적에서는 주거지 내의 옹관에서 화장된 뼈가 출토되었다. 토기에는 2센티미터도 채 되지 않는 작은 크기의 회백색 뼛조각들이 남아 있었고, 뼈 표면에는 불에 태워 생긴 균열들이 있었다. 또 작은 뼛조각이었지만 치밀뼈 조각의 두께로 보아 성인의 사지뼈 일부로 추정되었다. 정리하자면 상촌리의 신석기인은 죽은 이의 시신을 불에 태우고 남은 잔해들을 모아 항아리에 담고 그것을 집안 내부에 보관해둔 것으로 보인다.

상촌리 유적의 사례를 보면 화장을 단순히 시신을 소각하는 과정으로만 여겨도 될지 의문이 든다. 선사시대 사람들은 시신이 부패하면서 발생할 수 있는 위생적 문제를 해결하기 위해 화장을 선택하였을 뿐 아니라 삶과 죽음 사이에 경계를 두지 않고 일상의 공간에 비록 쪼그라든 모습으로나마 죽은 이의 시신을 두고 삶을 함께 지속하고자 했던 것 같다. 한때 많은 사람들에게 존경과 사랑을 받았던 이라면 그 사람의 몸을 불태워 재로 남기는 수고로움을 마다하지 않았을지 모른다.

그러나 요즘처럼 상업적 화장시설이 없던 시대의 화장은 과연 어떻게 진행되었을까? 감히 짐작조차 어려울 정도로 힘든 과정이었을 것이다. 별도의 시설 없이 야외에서 화장을 마치려면 많은 양의 장작은 물론 이를 태우는 데에도 시간과 일손이 든다. 이에 대해서는 범죄 현장에서 발견된 불탄 시신에 대한 정보를 얻고자 진행된 일련의 법의인류학적 연구 성과들이 잘 말해주고 있다. 즉 어떤 환경에서 어떤 종류의 나무를 태웠을 때 온도가 얼마나 올라가며, 이때 뼈에는 어떤 흔적들이 남는지에 대한 연구들이다. 실험적 연구에 따르면 야외 모닥불로는 700도까지 온도를 올리기가 매우 어렵다. 그러니 이렇게 에너지가 많이 드는 의례를 평범한 삶을 살다 간 사람의 죽음을 위해 베풀지는 않았으리라.

화장의 흔적은 청동기시대 지석묘와 석관묘에도 남아 있다. 특히 춘천 중도 유적에는 지석묘 내에서 화장한 흔적이 확인되기도 하였다. 이후 화장은 삼국시대 불교의 수용과 함께 확산되는데, 이때부터 화장의 과정이 종교적 상징과 표현으로 의례화되기 시작한다. 문헌에는 당시 사찰 주변의 산기슭에서 화장을 행했다는 기록이 있으며, 신라의 몇몇 왕들(효성왕, 선덕왕, 원성왕)은 사후 화장을 행하라는 유언을 남기기도 했다.

이후 불교의 나라라 할 정도로 불교가 성행했던 고려시대에는 귀족층을 중심으로 화장이 선호되었으며, 특히 승려가 죽으면 일정한 의식에 맞춰 화장 의례를 진행하고 남은 뼈와 사리를 탑과 부도에 안치하여 숭배하기도 했다. 당시 불교의 유행으로 승려뿐 아니라 평범한 사람들도 화장을 선택할 수 있었던 것으로 보인다. 『고려사』에는 불교식 화장법에 따라 부모의 화장한 유골을 절에 두고 몇 해가 가도록 매장하지 않는 자가 있으니 이를 조사하여 죄로 다스리되 가난하여 장례를 치르지 못한 경우는 나라에서 비용을 대주어야 한다는 내용이 있다(『고려사』 권16 세가16 인종 11년 6월).

또 관인층의 경우 사찰에 가서 죽음을 맞거나 사찰에서 죽지 않았더라도 빈소는 사찰에 차리고 화장을 희망하는 경우가 빈번했다. 고려시대 관인과 그 가족의 묘지명을 검토하여 화장이 이루어진 비율을 조사한 연구에 따르면, 고려시대 전 시기 동안 화장한 관인층은 약 30퍼센트에 달했던 것으로 파악되었다. 왕대별로는 비율이 오락가락하긴 하지만, 특히 예종 대에서 의종 대까지는 거의 60퍼센트에 달하는 비율로 관인층의 화장이 이루어졌던 것으로 추정되었다. 화장이 절정에 이르렀던 시기는 고려의 문벌들이 가장 득세하여 그들의 문화가 극성기에 달한 시기와 일치하며, 이후 화장은 무신정변을 기점으로 하여 감소세로 접어든다.

고려 후기에 화장이 급감하고 매장이 일반화되는 추세 속에서 조선시대에는 유교 사상과 질서가 더욱 엄격하게 상례에 적용되었다. 일반의 화장이 억제되고 금지된 시대였으니 이러한 변화가 유적에서 수습된 사람뼈 자료에도 어느 정도 영향을 미쳤다고 볼 수밖에 없다. 조선시대 유적에 비해 고려시대 유적에서 나온 사람뼈 자료는 그야말로 희귀하다. 시대가 더 오래되었으니 당연한 결과가 아닐까 생각할 수도 있지만 그 이전의 삼국시대 자료가 고려시대보다 풍족한 걸 생각하면 그것도 아니다.

고려시대 사람뼈는 수적으로 절대 부족한 것도 있지만 화장으로 인해 보존 상태도 열악하다. 이는 집단 차원의 일반적인 특성을 얻기가 매우 어렵다는 이야기다. 예로, 시대별 평균 키의 변화도 고려시대 자료에서 얻어진 정보는 거의 없다. 사실상 우리나라에는 중세에 해당하는 사람뼈 자료는 비어 있는 상태라고 봐도 무방할 정도라 뼈 자료를 분석하여 시대 흐름에 따른 집단의 특성과 변화를 파악하는 데에는 어려움이 있다.

현재 보고된 고려시대 유적의 사람뼈 자료 중 온전한 상태로 남아 있는 경우는 손에 꼽을 정도다. 대부분은 화장된 뼈 잔해라 뼈대에 대한 일반적인 분석이 불가능한 상태다. 화장이 시작되면 뼛속의 수분과 유기물이 소실되기 시작하고 불꽃의 온도가 700도 정도에 도달하면 거의 모든 수분과 유기물이 사라지므로 화장 이후에 남은 뼈들은 거의 무기물로만 이루어진 파편이라 할 수 있다. 그러니 여기에서 생전 주인공의 생물학적 정보를 얻기는 쉽지 않다.

하지만 최근 고고과학적 분석기법의 발전으로 불탄 뼈에서도 일부 안정동위원소 분석이 성공적으로 이루어진 사례도 있다. 예를 들어 영국의 신석기시대 거석기념물로 유명한 스톤헨지에서 불탄 뼈가 발굴되었는데, 스트론튬 안정동위원소 분석으로 거석기념물을 만든 사람들 일부가 다른 지역에서 이주해왔음이 밝혀졌다(Snoeck 등, 2018). 불탄 뼈에 탄소나 질소, 산소 안정동위원소는 거의 남아 있지 않았지만 스트론튬은 특정 뼈대 부위에 잘 남아 있다는 사실이 최근의 여러 연구를 통해 보고되었다.

특히 관자뼈 깊숙이 귓구멍 안쪽을 포함하는 바위부분petrous part이라고 불리는 뼈대 부위가 이 분석을 시행하는 데에 매우 이상적이다. 바위부분은 말 그대로 바위처럼 단단하게 생겨 붙여진 이름이다. 스트론튬 안정동위원소를 이용한 분석 결과는 성장기에 섭취했던 식료의 종류를 파악해 개인의 출신 지역과 이주 여부를 밝히는 데에 기여한다. 이 분석에는 치아의 에나멜이 주로 이용되어왔지만, 치아는 다른 뼈대 부위보다 무기질이 더 많아 불에 타면 쉽게 바스라지기 때문에 불에 탄 경우에는 분석에 이용하기 힘들다. 현재 화장된 뼈대에서는 바위부분이 치아를 대신할 수 있는 이상적인 시료가 되고 있다.

한편 불탄 뼈에서 유전자를 찾고자 하는 노력도 계속 진행 중이다. 과거에는 분석이 불가능했지만 최근 기술로 600도 이하에서 불탄 뼈에서는 유전자 분석이 성공적으로 이루어질 수 있음을 보여주었다(Harbeck

등, 2010). 또 우리나라에서도 70년 이상 된 6·25전쟁 전사자의 불탄 뼈 대에서 유전자를 추출해 개인이 속한 민족적 기원을 밝히는 데에 도움이 되는 미토콘드리아 유전자 유형을 밝혀낸 바 있다(Oh, Park, 2022).

이처럼 유적에 남아 있는 뼈 자료가 의미 없는 경우는 없다. 불탄 뼈는 화장의 직접적인 증거에 다름 아니며, 이 흔적을 통해 당시의 화장 환경과 조건을 복원할 수 있다. 즉 연구자들은 어떤 맥락에서 불에 탄 뼈가 발견되었는지를 면밀히 검토하여 당시에 이루어진 행위를 최대한 밝히고자 한다. 이 과정은 범죄 현장에서 발견된 불탄 시신을 조사하는 과정과 흡사하다. 아무리 작은 뼛조각이라도 사망자의 신원을 확인하고 사망의 과정을 밝히는 데에 기여할 수 있듯이, 유적에 남은 뼛조각 역시 화장이 이루어진 환경과 과정을 복원하는 데에 결정적인 단서가 된다.

방사성탄소연대측정 결과 12세기에 제작된 것으로 파악된 청주 오송 지구의 고려시대 화장묘가 있다. 화장묘에서 나온 뼈대치고는 제법 큰 뼛조각들이 여기서 출토되었다. 대개 유적에서 나온 불탄 뼈를 분석할 때에는 범주를 나누어 크기를 분류하는데, 5센티미터가 넘는 뼛조각은 거의 없는 경우가 많다. 하지만 오송 유적의 화장묘에서는 무게로 비율을 따졌을 때 5센티미터 이상의 뼛조각들이 40퍼센트 정도를 차지할 정도로 많은 양이 남았다.

대개 불에 탄 조각뼈로는 성별이나 연령을 추정할 만한 형태적 특성을 찾기 어렵지만 오송 유적의 화장묘에서 출토된 뼈에는 다행히 약간의 특징이 남아 있었다. 먼저 뼈가 파편화된 상태로 확인되면 이 조각 뼈들이 모두 한 사람의 것인지를 확인하게 되는데, 오송 유적의 경우 뼛조각들 중에 중복되는 부위가 있거나 한 사람 이상의 특징을 보이는 부

17-1. 청주 오송 유적의 화장묘. 발굴 당시 항아리를 최대한 노출한 모
습. 오른쪽 항아리 상부에 불탄 뼛조각들이 일부 보인다.

분이 없어서 한 사람의 뼈대라고 파악할 수 있었다. 일부 뼈대에는 나이
가 들면서 나타나는 퇴행 양상도 남아 있어 주인공은 최소 30대 이상의
성인으로 추정되었다.

이 화장묘에서 수습된 뼈대 조각들은 모두 수축되고 파편화된 상태로
뒤틀려 있었다. 화장 후 남은 잔해임이 분명했다. 그렇다면 어떤 환경에
서, 어느 정도의 온도로 화장이 되었을까? 여기에서 온도와 가장 밀접하
게 관련이 있는 단서는 뼈의 색깔이다. 실험적 연구에 따르면, 300도 정
도에서 뼈는 완전히 탄화되어 갈색에서 검정색으로 변하고, 600도 가까
이 되면 서서히 회색, 청색, 혹은 회청색, 흰색으로 변한다. 온도 외에도
불이 유지되었던 시간과 산소량, 뼈대 부위, 화장 시 주변에 있던 물질
에 따라 색깔은 달라질 수 있다.

현재 이용되는 화장터의 화구는 850도에서 최대 1000도까지 올라가
며 화장로 안에서 바람과 가스 섞인 불이 100분 남짓 지속되면 고인의
시신이 작은 봉안함에 담겨 나온다. 이렇게 불의 온도가 800도 이상이

되면 뼈조직이 결정화되기 시작하고 뼈를 단단하게 하는 무기질 성분인 수산화인회석hydroxyapatitie이 인산염 광물인 휘틀록석whitlockite으로 변하면서 더 단단해진다. 이런 변화를 겪기 때문에 800도 이상의 고온에서 불탄 뼈를 만지면 원래 뼈의 강도보다 훨씬 더 단단하게 느껴진다. 육안으로는 단단하게 보이지만 실제 뼛속 조직들은 1000도 이상이 되면 결정들이 녹아 서로 엉겨붙고, 1600도까지 올라가면 뼛속 무기질이 모두 녹는다.

오송 유적의 뼈에는 갈색, 검정색부터 회청색, 흰색까지 불탄 뼈에서 관찰 가능한 색이 모두 있었다. 따라서 시신은 300도부터 700도 이상의 온도 사이에서 화장되었으며, 일부 뼈대에는 800도에 달하는 불꽃이 닿았던 것으로 보인다. 또 거의 모든 뼈대에서 수축이 확인되는데, 이러한 수축 현상 역시 700도에서 시작한다고 알려져 있어 대략 700도 안팎까지 불꽃이 유지되었던 것으로 추정된다.

특히 넙다리뼈와 정강뼈는 뼈끝 부위가 비교적 잘 남아 있어서 장시간 불에 노출되지 않았을 가능성과 함께 관 안에서 시신이 태워졌을 가능성도 생각해볼 수 있다. 이 밖에 시체의 살이 썩어 뼈만 남기 전인 시신을―이때는 연조직이 남아 있다―화장했을 때와 유사한 특징이 관찰된다. 즉 연조직과 지방이 남아 있으면 한 부위가 여러 색깔을 동시에 보이고 세로 방향보다는 가로 방향의 균열과 뒤틀림이 더 심하게 남는다고 알려져 있는데 오송 유적에서 수습된 뼈대가 그렇다.

오송 유적보다 더 앞선 시기인 8~9세기 대 유적의 화장묘에서 뼛조각이 남아 보고된 사례도 있다. 평택 도곡리와 강릉 입암동 유적에서 출토된 파편들은 주사전자현미경을 이용해 불로 인해 생긴 조직의 변형

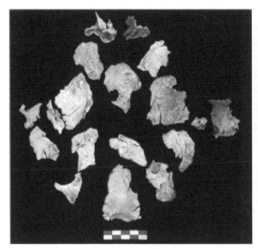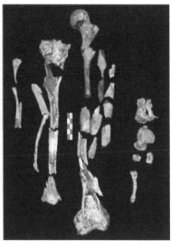

17-2. 오송 유적 화장묘에서 나온 뼛조각들. 머리뼈로 식별된 부위(왼쪽)와 왼쪽 넙다리뼈, 정강뼈, 종아리뼈, 일부의 발뼈 조각들이 부위와 형태 식별이 가능한 정도로 남아 있다.

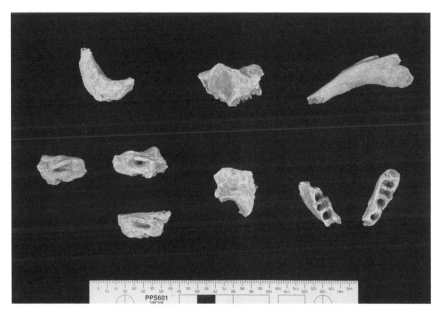

17-3. 서울 석촌동 고분군의 매장의례부에서 출토된 불탄 사람뼈 조각.

양상을 분석한 결과, 무려 1000도에서 1400도 사이의 온도에서 관찰되는 변화가 확인되었다. 이 정도로 높은 온도에서 화장을 진행했다면 화장을 노천에서 했다기보다는 구덩이나 가마와 같은 시설이 갖춰진 곳에서 진행했을 가능성도 배제할 수 없다. 그러니 고려시대에는 빈번히 시행되는 화장의 능률을 고려하여 전문적으로 화장을 행하는 별도의 시설을 두었을 가능성도 있다.

또 한성백제의 최고 지배층이 묻힌 왕실묘역으로 알려진 서울 석촌동 고분군의 돌무지무덤에서도 4킬로그램이 넘는 꽤 많은 양의 불탄 뼈가 확인된 바 있다. 백제 고분에서 화장 뼈가 나온 사례는 처음으로, 여기에서 나온 뼈는 모두 흰색이어서 최소 700도 이상의 고온에서 화장이 이루어졌을 것으로 추정된다. 또 불탄 뼈가 시신을 묻는 곳이 아닌 의례 물품을 넣는 공간에서 금 귀걸이, 토기 등과 함께 발견되었다는 점이 이례적이며, 겹치는 뼈대 부위가 있어 한 사람이 아닌 여러 사람의 뼈로 추정되었다. 이 밖에 화장한 뒤 뼈를 더 작은 크기로 부수는 분골의 과정이 진행되었던 것으로 파악되었다.

사실상 지금까지 유적에서 불탄 뼈가 나오면 무엇을 할 수 있을지 회의적이었으나 불탄 뼈에 남겨진 흔적이야말로 과거 사회 화장의 과정을 복원할 수 있는 정보의 원천이 된다. 또 유적에서 발견된 불탄 뼈는 어느 시대에도 화장이 단순히 시신을 소각하는 과정만을 의미하지 않는다는 지극히 당연한 사실을 말해주고 있다.

제18장 해부가 끝나고 난 뒤

_____뼈를 찾는 사람들

유적에서 확인된 사람뼈를 제대로 수습해서 분류하고 분석하려면 가장 기본적으로 사람뼈대학적 지식이 필요하다. 사람뼈대학은 말 그대로 사람의 몸을 구성하는 뼈대의 특성과 형태를 이해하고 이를 바탕으로 생전 주인공의 생물적 특성을 추정 혹은 복원하는 것을 목표로 삼는 분야다. 이 분야의 지식과 방법론이 적용되는 대표 분야로는 생물고고학 및 인골고고학, 고인류학, 법의인류학, 해부학 등이 있다. 이 분야의 연구자들은 고고 유적에서 혹은 수만 년 전 고인류가 발견된 인류 진화의 현장에서, 또 백골 시신이 발견된 범죄 현장에서, 해부 실습실에서 다양한 모습의 사람뼈를 만난다.

생물고고학 및 인골고고학 연구자는 유적에서 출토된 사람뼈를 분석해 과거 집단의 삶과 사회의 특성을 이해하려는 사람들이다. 고인류학 연구자는 화석화된 뼈대 일부를 통해 이미 알려진 인류 조상 종 혹은 우리 종과의 관계와 새로운 종의 진화적 의미를 밝혀내려는 사람들이다.

또 법의인류학 연구자는 현장에 남겨진 뼈를 통해 주인공의 신원 확인과 사망 원인 규명에 도움이 될 만한 단서를 찾아낸다.

최근에는 범죄 현장에서 백골 시신을 확인하는 사례가 늘어나고 과학수사가 강조되면서 발견된 뼈를 빠르게 식별해 혼선 없이 수사를 진행하기 위한 노력을 많이 하고 있다. 이러한 범죄 사건 외에도 6·25 전사자 유해를 발굴하고 감식하여 신원을 확인하고자 하는 법의인류학자들이 우리나라 국방부 유해발굴감식단에 포진해 있다.

또 의과대학에서는 해부학 수업 중 시신을 해부하기에 앞서 각 뼈대의 해부학적 위치와 세부 지표를 토대로 근육과 신경, 혈관과 함께 각 구조가 지니는 임상적 의미를 교육한다. 또한 시각예술가 역시 몸의 형태를 표현해내기 위해 인체 각 부위의 형태와 기능에 대한 지식을 갖출 필요가 있다. 예를 들면, 복잡하고 어려운 의학 지식과 정보를 이해하기 쉽게 시각화하는 응용예술 분야인 메디컬 아트medical art나 해부미술 분야의 연구자가 대학원 과정에서 해부학을 전공하는 것 등이다. 내가 사람뼈대학 수업을 강의할 때에도 회화나 조소를 전공하는 학생들이 늘 있었다.

이들 분야 각각이 추구하는 궁극적인 목적은 다르지만 모든 분야가 어떤 식으로든 사람과 밀접하게 관련되어 있다. 이 분야의 종사자들은 사람의 특성을 이해하기 위해 맨 처음 뼈를 접하게 된다. 해당 분야에서는 뼈를 이해하지 않고서는 사람의 특성을 이해했다고 보기 어려우며 한 사람을 완벽히 이해했다고 보기도 어렵다. 그러니 분야마다 정도의 차이는 있지만 뼈를 익히고 이해하는 단계는 매우 중요하다.

뼈를 만나 처음으로 하게 되는 일은 우리 몸을 구성하는 200개 남짓

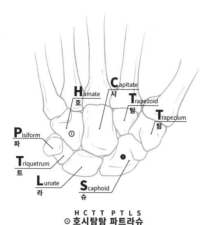

H C T T P T L S
◉ 호시탐탐 파트라슈
● **S**ome **L**overs **T**ry **P**osition **T**hat **T**hey **C**an't **H**andle

18-1. 우리나라 학생들은 손목뼈의 앞 글자를 따서 '호시탐탐 파트라슈'라고 외우고, 미국 학생들은 'Some lovers try position that they can't handle'이라는 문장으로 손목뼈 이름을 외운다.

한 뼈들의 이름을 외우고 생김새를 눈으로 익히는 것이다. 이 과정을 해내지 못하면 다음 단계로 넘어갈 수가 없다. 막연한 호기심으로 호기롭게 이 과정에 발을 들였다가 바로 이 지점에서 중도 탈락자가 대거 발생한다. 특히 스물두 개로 이루어진 머리뼈와 수십 개에 달하는 머리뼈의 각 세부 지표는 난이도 최상이라 할 수 있으며, 공깃돌만 한 크기의 손목뼈 여덟 개는 이름이 어려워 앞글자만 딴 이상한 문장을 만들어 외우기도 한다.

그나마 형태가 온전한 뼈대 각 부위를 익히는 과정은 수월하다. 하지만 고고 유적이나 범죄 현장에서 발견된 뼈는 온전한 경우보다는 온전치 않은 경우가 훨씬 많다. 뼈가 발견되기까지 어떤 사건 혹은 과정이 있었느냐에 따라 뼈는 수백 개 혹은 수천 개의 직소 퍼즐이 될 수 있다.

그러니 이 분야의 종사자들은 온전한 형태가 아닌 갖가지 모양으로 조각난 뼈를 가지고 어느 방향인지, 어느 부위에 해당하는지를 식별하기 위해 끊임없이 실력을 갈고 닦는다.

가끔은 크기가 너무 작아 사람의 뼈인지조차 확신하기 어려운 경우도 있다. 법의인류학 분야의 세계적인 거물 수 블랙Sue Black은 용의자 집에서 발견된 1센티미터 미만의 작은 뼈를 경찰로부터 넘겨받아 어느 뼈인지를 식별해야 했던 경험이 매우 스트레스 받는 과정이었다고 자신의 책에서 토로하기도 했다. 이유는 아무리 뛰어난 연구자라도 그렇게 작은 뼈를 한번에 식별하기는 어려우며, 어느 뼈인지를 결론 내리기에 앞서 여러 가지 가능성을 펼쳐놓고 판단하는 과정을 의뢰인에게 그대로 노출하는 것이 전문 지식에 대한 신뢰를 떨어뜨릴 수 있기 때문이다.

온전한 상태가 아닌 뼈를 식별해야 하는 연구자라면 블랙과 같은 상황에 직면한 적이 있을 것이다. 생물고고학자 혹은 인골고고학자, 법의인류학자는 훼손된 시신의 뼈대 일부, 식별하기 어려운 뼛조각들을 늘 마주한다. 고인류학자 역시 대개는 화석화된 뼈대 일부만을 가지고 형태적 특성을 분석해야 하니 마찬가지다.

어느 부위인지 식별이 되었다면 다음에는 뼈의 주인공이 여성인지 남성인지, 어느 정도의 나이대에 사망했는지를 알아내는 과정이 뒤따른다. 사건 현장에서 발견된 백골 시신의 성별과 나이에 대한 정보가 있어야만 누구의 시신인지를 특정할 수 있기 때문이다. 물론 유적에서 출토된 사람들의 뼈대를 이용해 당시 사람들이 가졌던 특성을 분석하고자 할 때에도 성별과 나이를 알 수 없으면 유의미한 결과를 얻기가 어렵다. 이러한 맥락에서 성별과 나이는 무대 뒤 배경에 비유될 수 있는데, 배경

없이 주인공의 이야기만 있다면 이야기의 맥락을 적절히 이해하기가 어려운 것과 마찬가지기 때문이다.

이렇게 성별과 나이 정보가 중요한 만큼 이를 분석하기 위한 방법도 끊임없이 진화하며 연구가 거듭되어왔다. 요즘은 어느 부위를 이용할지, 맨눈으로 관찰하는 방법을 이용할지, 통계 프로그램을 토대로 고안된 소프트웨어를 이용할지 등 성별과 나이 추정을 위해 사용할 수 있는 선택지도 많아졌다. 여기에서 어떤 방법을 선택하든 해당 방법이 어느 집단을 대상으로 만들어졌는지에 대해서는 잘 살펴봐야 한다. 이유는 뼈에 성별 혹은 연령별 변이를 일으키는 요인은 다양하며 집단의 유전적 성향이나 생활방식, 영양 상태도 여기에 해당되기 때문에 그렇다.

연구에 이용된 집단이 특정 인구집단이나 한 성별 혹은 일부 연령층에 편향되어 있다면 지리적·시간적으로 다양한 집단의 특성을 아우르기 어렵다. 따라서 그렇게 만들어진 방법을 적용하여 얻어진 결과를 그대로 받아들이기에는 무리가 있다. 예를 들어 나이 든 유럽계 미국인 다수로 구성된 인구집단을 대상으로 만들어진 방법이 있다고 하자. 이를 삼국시대 유적에서 나온 뼈 주인공의 성별과 나이를 추정할 때 사용하면 어떻게 될까? 실제와 다른 결과가 나올 가능성이 다분히 있다. 이런 이유로 한국인 집단을 분석할 때에는 한국인 집단을 이용해 만든 방법을 사용하는 것이 가장 이상적일 수 있다. 하지만 그런 방법이 없다면 지역과 시대에 따른 변이를 반영할 수 있도록 가급적 많은 인구집단을 대상으로 만들어진 방법을 사용하는 것이 좋다.

그럼에도 불구하고 현재 한국인 뼈대로 성별이나 나이를 추정할 때 가장 많이 사용하는 방법은 모두 20세기 유럽계 미국인을 대상으로 만

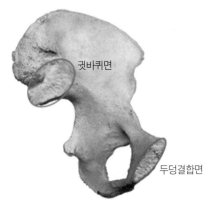

귓바퀴면

두덩결합면

18-2. 왼쪽 볼기뼈. 좌우 볼기뼈가 몸 앞쪽에서 만나 관절을 이루는 두덩결합면과 엉치뼈와 만나 관절을 이루는 두덩결합면에서 나타나는 퇴행성 변화가 연령 추정에 가장 자주 이용된다.

들어진 방법이다. 한 예로, 나이를 추정할 때 가장 정확도가 높다고 알려진 방법은 볼기뼈에 속하는 두덩뼈의 두덩결합면과 엉덩뼈의 귓바퀴면에서 관찰되는 퇴행성 변화인데, 이러한 방법들은 모두 20세기 유럽계 미국인을 대상으로 만들어졌다.

대표적으로 1990년에 두 명의 미국인 연구자가 발표한 두덩뼈의 두덩결합면 변화를 이용한 나이 추정 방법은 1977년부터 1979년까지 미국 로스앤젤레스시의 검시과에서 부검된 현대인 1200여 명을 대상으로 만들어졌다. 또 1985년에 발표된 엉덩뼈 귓바퀴면 변화를 이용한 나이 추정 방법은 하만-토드 컬렉션Hamann-Todd Collection이라고 불리는 대규모 해부 시신 집단을 주로 이용하여 만들어졌다. 이 두 방법은 유적에서 나온 뼈 주인공의 나이 추정에도 이용되지만 현대 신원불상자의 백골화된 시신의 나이를 추정할 때에도 이용된다. 한 예로, 익산 쌍릉에서 수습되어 백제 무왕으로 추정된 뼈 주인공의 나이 역시 귓바퀴면의 변화를 토대로 약 50세 이상으로 추정되었다.

그렇다면 이렇게 축적된 20세기 미국인 집단을 주요 대상으로 해서 만들어진 나이 추정 방법을 한국인 뼈대를 분석하는 데에 그대로 적용해도 될까? 이에 대해서는 아직 의견이 분분하다. 집단에 따라 노화의 속도나 양상이 유의미하게 차이를 보인다는 연구도 있고, 그렇지 않다는 연구도 있다. 그렇다면 또 현대인 집단을 대상으로 만들어진 방법을 고대인 분석에 적용하는 것은 어떨까? 이에 대해서도 차이가 있을 가능성은 있지만, 과거 집단의 뼈대로 현대인과의 차이를 증명해낼 수 있는 방법은 없기에 과거 집단과 현대 집단의 노화 속도와 양상이 비슷하다는 전제를 토대로 같은 방법을 적용하고 있다.

현재 한국인 뼈 자료를 분석할 때 외국에서 개발된 방법을 사용하고 있는 이유는, 방법을 개발할 수 있을 정도의 대규모 시신 자료가 국내에는 없기 때문이다. 성별이나 연령 혹은 생전의 키, 몸무게 등을 뼈대로만 추정하는 방법을 만드는 일은 결코 쉽지 않다. 일단 방법 하나를 만들기 위해서는 생전의 성별이나 연령 등의 속성을 정확히 알 수 있는 사람의 뼈가 최대한 많이 확보되어야 한다.

미국 클리브랜드 자연사박물관에 소장되어 있는 하만-토드 컬렉션은 20세기 전후 무렵부터 웨스턴리저브대학Western Resesrve University의 해부학 교수였던 윈게이트 토드Wingate Todd와 칼 하만Carl A. Hamann이 모은 자료로, 그 규모가 약 3000구에 달한다. 교육과 연구를 목적으로 기증된 시신은 해부한 후 기증자의 다양한 생전 자료와 함께 뼈로 남아 축적되었다.

또 이와 비슷한 시기에 워싱턴 대학의 해부학 교수였던 로버트 테리Robert J. Terry는 대학이 위치한 세인트루이스시 인근 지역의 병원이나 영안실에 방치된 무연고 혹은 신원불상자의 시신을 기증받아 모으기 시작했다. 테리 컬렉션Terry Collection으로 불리는 이 자료는 1700여 개체의 규모로 현재 스미소니언 자연사박물관에 소장되어 있으며, 지금도 수많은 연구에 이용된다. 특히 이 자료는 법의인류학 데이터뱅크 Forensic Anthropology Data Bank(FDB)에 축적되어 뼈대의 특성을 입력하여 조상집단은 물론 성별과 나이, 키를 추정해주는 자동화된 프로그램을 만드는 데에 핵심 자료가 되었다.

이렇게 대규모 집단의 뼈 자료가 의미 있는 연구에 이용될 수 있다는 사실을 경험으로 깨달은 연구자가 있다. 테네시주립대학교 인류학과 교수였던 윌리엄 배스William M. Bass는 1977년 무덤에서 발견된 시체 한 구에 대한 조사를 의뢰받고 성별과 나이, 키 등 생전 주인공의 특징을 추정하게 되었다. 앉은 채로 발견된 턱시도 차림의 시신을 조사한 배스 교수는 시신의 부패 상태를 보고 사망한 지 1년 정도 되었다고 자신의 연구 결과를 발표했다. 그러나 나중에 추가 조사가 이루어지면서 시체가 1864년 남북전쟁 때 사망한 군인이라는 사실이 밝혀졌다. 무려 100년 이상 차이가 나는 결론을 발표한 셈이 된 그는 큰 충격을 받았다.

이 사건 이후 배스 교수는 시신의 부패 과정과 사망 후 경과 시간을 연구할 수 있는 시설이 필요함을 깨닫고 대학의 지원을 받아 법의인류학센터의 인류학 연구시설인 일명 '시체농장'을 만들었다. 이 시설에서는 기증된 시신이 연구자의 실험설계에 따라 뿌려져 그 과정에 대한 연구가 진행되고 최종적으로 남은 뼈 자료가 축적된다. 배스 교수의 이름을 따 윌리엄 배스 컬렉션으로 불리는 이 자료는 테네시주립대학교 인류학과의 법의인류학센터에 소장되어 있으며 현재 1800여 개체에 이른다.

미국에만 이런 자료가 있는 건 아니고 아프리카에도 엄청난 규모의 자료가 있다. 아프리카 고인류학의 아버지라 불리는 레이먼드 다트 Raymond Arthur Dart 교수의 이름을 딴 다트 컬렉션은, 1920년대 초반 남아프리카공화국의 요하네스버그에서 만들어지기 시작해 주로 남아프리카공화국 원주민과 이민자들의 뼈로 구성되어 있으며 약 3000개체에 달한다. 더 의미 있는 것은 이러한 자료가 전 세계 연구자들에게 공개되고 있다는 사실이다. 연구할 가치가 있는 질문이나 가설이 있다면 계획서를 제출해 심사를 받고 누구나 자료를 이용할 수 있다.

이렇게 뼈를 분석하는 방법은 해부 시신의 자료를 축적하면서 본궤도에 올랐다. 시초는 1755년 프랑스인 해부학자 장 조제프 쉬Jean Joseph Sue가 해부 시신 열네 구의 키와 긴뼈의 길이를 계측해 키 추정을 시도한 것이었는데, 이후 프랑스·영국·미국 등지에서 대규모 해부 시신과 세계대전 전사자 집단의 뼈 자료가 연구에 이용되어왔다. 현재 한국인 집단을 대상으로 만들어진 방법도 전혀 없는 것은 아니다. 규모가 크진 않지만 해부 시신이나 병원용 자료, 6·25 전사자 집단을 토대로 다양한 시도가 이루어지고 있다. 해부는 끝났지만 연구는 아직 끝나지 않았다. 머지않아 우리나라에도 누군가의 이름을 딴 사람뼈 컬렉션이 마련되기를 기대해본다.

제19장 부검 시신을 이용한 연구

_____ 사후 CT 촬영과 인공지능

의과대학에서 이루어지는 해부학 실습과 교육은 대개 한 학기 동안 해부 시신을 이용해 이루어지며, 이에 대한 절차는 '시체 해부 및 보존 등에 관한 법률'에 따라 엄격히 진행된다. 이후 해부가 끝나면 시신은 화장후 유족에게 전달되거나 유족이 원치 않는 경우는 대학 내 추모관을 비롯한 별도의 시설에 모셔진다. 이들 고인을 추모하는 행사도 매년 마련된다.

이 과정에서 뼈대와 같은 해부 시신의 일부 조직을 연구 목적으로 이관 혹은 보존하기 위해서는 시신을 기증한 유족의 동의와 의과대학 혹은 종합병원의 허가가 필요하다. 지금까지 국내에는 이러한 절차를 거쳐 축적된 뼈 자료는 거의 없다고 봐도 무방하다. 그러니 해부 시신을 이용해 한국인 뼈대 분석에 이용할 수 있는 방법을 만드는 건 애당초 불가능에 가깝다.

하지만 해부 시신에서 얻을 수 있는 뼈 자료를 대신할 수 있는 자료는 있다. 그것은 변사사건에 얽힌 시신을 이용한 자료로, 부검 시신을 대상으로 촬영된 컴퓨터단층촬영computed tomography, 즉 CT 자료다. 국내에서 부검이 가장 많이 이루어지는 국립과학수사연구원(이하 국과수)에서는 2013년부터 시신의 전신을 샅샅이 살펴보면서 보다 빠르고 정확하게 부검이 이루어질 수 있도록 사후 CTpost mortem CT를 찍고 있다.

사후 CT는 병원에서 환자 진단을 위해 사용하는 CT와 원리는 같지만 시신 촬영에 알맞은 기능들이 추가되어 있고, 촬영의 목적과 결과 해석 면에서도 임상 목적의 CT와는 분명한 차이가 있다. 즉 사후 CT 촬영의 목적은 부검 전에 사인과 관련된 손상이나 병변을 확인하고 최종적인 부검 결과를 보조할 수 있는 소견을 제시하는 데에 있다.

그런데 뉴스에서나 볼 법한 변사사건의 부검 의뢰 시신이 얼마나 많겠나 하는 생각이 들지도 모르겠다. 하지만 이런 걱정은 버려도 된다. 대개 뜻밖의 사고로 사망하여 사인을 알 수 없거나 사인과 관련하여 범죄 의혹이 있는 경우 시신에 대한 부검이 이루어진다. 우리가 살면서 뉴스에서나 접할 변사사건은 얼마 안 되지만, 여러 가지 이유로 사인을 밝혀야만 하는 사건들이 의외로 많다. 보험금을 노린 살인사건 수사에도 부검이 필요하며, 신종 코로나바이러스 확산세로 힘들었던 지난 몇 년은 백신 접종과 사망의 인과관계를 밝히기 위한 부검이 증가하기도 했다. 이외에도 사망진단서에 기재되는 사망의 종류가 '기타 및 불상'의 범주로 체크되면 부검이 진행될 수 있다.

2019년 기준으로 국과수에서 시행한 부검이 9000여 건에 이른다. 몇 년간의 통계 자료를 토대로 보면 국내에서 1년에 25만여 명 정도가 사망하는 가운데 7만 건 정도는 시체검안서를 작성해야 하는 변사사건이다. 전문가에 따르면 명확한 부검 기준과 제도가 갖추어진다면 현재의 부검 건수가 더 늘어날 수밖에 없다. 현재 사후 CT는 국과수 원주 본원과 서울, 부산연구소에 도입되어 부검에 이용되고 있으며, 매년 적게는 400여 건에서 많게는 800여 건에 이르는 자료들이 축적되고 있다. 이를 통해 억울하게 혹은 명대로 못 살고 돌아가신 분들의 자료가 귀하게 활용될 수 있게 되었다.

컴퓨터단층촬영은 1970년대에 개발되어 질병 진단을 위해 주로 사용되어왔지만, 1980년대 독일에서 시신을 부검하는 데에 이용된 이래 다양한 분야의 연구에 활용되고 있다. 예를 들어 불완전한 파편으로 남아 있는 고인류 화석의 형태를 3차원으로 복원할 때에도 적극 활용된다. 조각난 뼈들을 복원한답시고 자꾸 만지다보면 연구자의 손길로 뼈가 조금씩 마모되어 점점 더 부스러기가 되어가기도 한다. 하지만 CT를 이용하면 자료를 손상시키지 않고 다양한 시도를 해볼 수 있다. 또 3차원의 영상 자료는 한번 생성되면 영구히 보존이 가능하고 쉽게 공유할 수도 있어 파일만 있으면 언제 어디서라도 접근이 가능하다. 여러 분야 연구자와의 협업도 쉽게 이루어질 수 있다.

연구에 필요한 자료를 보기 위해 측정 장비를 묵직하게 챙겨 소장기관을 방문해야 하는 수고로움은 이제 옛일이 됐다. 사람뼈 연구자라면 자료 수집을 위해 소장기관에서 수일간 뼈대를 측정하고 분석했던 경험이 있을 수밖에 없다. 나 역시 여전히 마른 뼈 자료를 보기 위해서 출장을 다니며 대학 내 연구실에서든 박물관의 수장고에서든 뼈를 본다. 또 가끔은 소장기관에서 특별히 안내하는 공간에서 뼈를 보기도 하는데, 그 공간이 썩 유쾌하지 않은 곳일 때가 더 많다. 뼈와 함께라면 어디든 시간가는 줄 모르고 일할 수 있지만 케케묵은 먼지덩어리와 죽어 나뒹굴고 있는 벌레 사체를 보는 건 즐거울 수가 없다.

그러나 그렇게라도 외부의 연구자에게 자료를 공개해주는 기관에게는 감사할 따름이다. 외부 연구자가 자료를 보려면 기관 입장에서는 연구자에게 최소한의 공간을 내주어야 하고, 보안 혹은 감시 차원에서 해당 기관의 연구원 한 명을 붙여 작업 과정을 내내 지켜보는 수고로움을 감당해야 한다. 더군다나 소장기관에 해당 자료를 연구하는 연구자가 없는 경우에는 더더욱 폐를 끼치는 일일 수밖에 없다. 그러니 이 모든 과정을 생략할 수 있는 자료가 있다면 머리 숙여 감사할 일이다.

실물 자료를 보지 않고 분석을 할 수 있다는 건 놀라운 변화다. CT 자료나 3차원 스캐너를 이용해 생산되는 영상 자료는 최근 가상인류학 virtual anthropology 분야의 핵심 연구 자료가 되고 있으며, 이를 활용한 학계의 연구도 2000년을 기점으로 눈에 띄게 증가하고 있다. CT 자료를 이용한 연구는 실물의 뼈를 만지지 않고 영상에서 각 뼈대 부위의 원하는 지점을 측정하고 분석할 수 있게 해준다. 또 CT 영상을 이용한 분석은 처리 속도가 제법 괜찮은 컴퓨터 한 대만 있으면 된다.

물론 부검 시신은 백골화된 시신이 아니기에 영상에서 뼈 이외의 모든 조직을 제거하는 과정이 뒤따라야 하지만 요즘은 이마저도 인공지능을 기반으로 점점 빠르게 처리되는 추세다. 최근 의료영상 자료를 보다 빠르게 처리하기 위한 딥러닝 기술이 개발되면서 전신 CT 영상에서 필요한 조직만을 세분화segmentation하는 방법이 하루가 다르게 발전하고 있다.

뼈 분석과 인공지능이라니 당최 연결이 안 될지도 모르겠지만 최근

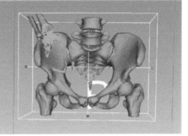

19-1. 부검 시신의 전신 CT 영상은 뼈 연구에 그대로 이용될 수 없고, 필요한 부분만을 선택해 해당 부위의 뼈만 볼 수 있도록 하는 과정을 반드시 거쳐야 한다.

인공지능을 기반으로 한 방법은 법의인류학적 분석기법 개발에 깊숙이 들어와 있다. 현장에서 발견된 뼛조각이 어느 부위인지 빠르게 식별하고 분류하는 시스템은 물론이고, 긴뼈 일부를 가지고 전체의 길이를 복원해 키를 추정하거나, 뼛조각 일부만으로 표면의 형태를 모델링해 생전 주인공의 특성을 찾아나가는 방법들이 지속적으로 연구되면서 정확도도 점점 높아지는 추세다. 최근 딥러닝 기법을 연령 추정에 적용한 연구는 숙련된 연구자가 추정한 것보다 정확도 면에서 더 높은 결과를 보여주기도 했다.

이러한 연구가 가능하게 된 배경에는 CT 자료가 큰 몫을 했다. 기계학습을 통한 방법이나 알고리즘을 추출해내기 위해서는 일단 자료 수가 어느 정도 담보되어야 하는데 CT 영상이 바로 여기에서 큰 역할을 해냈다. 마른 뼈 자료는 턱없이 부족하지만 영상 자료는 꽤 축적이 되었을 뿐 아니라 실제 뼈로는 할 수 없는 시도를 영상으로는 할 수 있다. 예를 들어, 연구 자료의 수가 적을 때는 특별한 기법으로 자료의 수를 추가로 생성해낼 수도 있고, 실제 마른 뼈로는 불가능하지만 영상에서는 뼈대

하나를 박살내 그 조각들을 기반으로 전체의 속성을 복원하는 연구도 가능하다.

우리나라는 해부 시신의 기증 뼈 자료가 거의 없다. 이런 여건에서는 부검 시신의 3차원 영상 자료가 연구의 새로운 지평을 열어줄 수 있다. 2000년을 전후한 무렵부터 임상 분야에서 주로 활용되었던 CT 자료를 보다 넓은 영역에서 활용하고자 하는 부단한 시도 이래, 주목할 만한 성과가 현재진행형으로 만들어지고 있는 것이다.

대표적으로 2003년에 시작된 '디지털 인체모델 데이터베이스 구축사업'은 기증 시신 남녀 각각 50명의 전신 CT를 토대로 한국인의 표준 골격을 제시한 바 있다. 지금 기준으로는 자료의 수가 충분치 않지만 이 자료로 만들어진 한국인 골격의 평균 자료는 다양한 범위에서 연구와 시도를 가능하게 했다. 즉 한국인의 평균 골격을 통해 교통사고 결과 나타나는 골격 손상의 범위나 양상을 시뮬레이션 실험하고 한국인에 최적화된 인공관절 등을 만들어내는 등의 시도가 이루어졌다. 이 사업으로 구축된 자료는 지금도 일반 연구자가 정보이용신청서를 작성해 신청하면 연구에 활용할 수 있도록 하고 있다.

또 가톨릭대학교 응용해부연구소는 2008년부터 한국인 법의인류학 데이터베이스를 구축하고 있으며, 특히 성모병원에서 한국인 600여 명의 머리 CT 자료를 받아 연구에 활용하고 있다. 현재 이 자료들은 뼈만으로 생전의 얼굴을 복원하는 데에 필요한 피부 두께층을 비롯하여 얼굴머리뼈의 표지점과 계측적 특성에 대한 자료로 연구에 이용되고 있다.

그러나 얼굴복원에 필요한 형태소에 대한 정보는 여전히 부족한 상황이라, 한편에서는 부검 시신의 CT 자료로도 계속 연구가 이루어지고 있다. 이러한 자료를 연구에 이용하기 위해서는 기관의 승인도 필요하지만 본격적인 연구에 앞서 연구계획서를 작성해 '생명윤리 및 안전에 관한 법률'에 따른 기관생명윤리위원회의 심의를 거쳐야 한다.

2013년부터 진행된 국과수의 부검 시신 CT 자료는 앞으로도 지속적으로 축적될 예정이다. 향후 이를 활용한 한국인 뼈대 연구에서 어떤 성과가 나올지 기대가 크다. 외국의 경우도 우리의 국과수 같은 기관에서 축적한 자료를 이용해 개인식별 관련 지표는 물론 집단 차원의 표준 자료를 구축하고 있다. 우리의 경우 국과수 자료를 토대로 외부 연구자가 협업하는 연구가 지속적으로 이루어지고 있으며, 이를 통해 학문적 측면뿐만 아니라 사회적 응용의 차원에서 다양한 연구질문이 제기되고 또

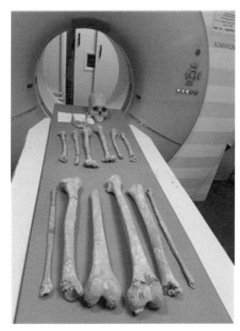

19-2. 하라파 문명기의 유적인 인도 북부의 라키가리Rakhigarhi 유적에서 출토된 사람뼈. 연구를 위해 현지 병원에서 컴퓨터단층촬영을 진행하고 있다(2016).

한 탐구되고 있다.

내 경우 역시 고고 유적에서 출토된 사람뼈로 과거 사회의 속성과 집단의 삶에 접근하고자 하지만, 최근 몇 년 동안은 국과수 연구자 혹은 이공 계열 연구자와 함께 새로운 연구를 진행하고 있다. 오래된 사람뼈를 분석하기 위해서는 그 주인공의 생물적 속성을 제대로 파악하기 위한 방법론이 필요하고, 그 방법론은 대규모 집단의 자료로만 얻어질 수 있기 때문이다. 이러한 이유로 사람뼈와 연결된 분야는 물론 방법 개발과 관련하여 자료 처리를 위해 컴퓨터 공학자들과도 협업을 하고 있다.

나처럼 고고 유적에서 나온 뼈를 보는 사람이 해부 시신이나 부검 시신 자료를 연구하는 이유는 해외 집단을 대상으로 개발된 방법의 유효성을 검증하고 한국인에 최적화된 추정 방법을 찾아내기 위해서다. 전에는 이러한 연구가 필요하다고 생각만 하면서 언젠가 누군가가 해주겠지 하는 기대로 버텼지만, 이 분야 연구자가 워낙 소수인 데다 원하는 연구가 나올 기미도 없어 빨리 기대를 접었다. 그러니 결국 스스로 길을 찾아나설 수밖에.

그러다보니 할 일은 많아졌지만 연구의 폭은 전보다 넓어졌다. 또 뼈대 분석에 적용되는 방법은 고대인이나 현대인이나 크게 다르지 않기에 연구질문도 더 다양해졌다. 그 덕분에 집단재해나 장기미제로 남아 있는 백골 시신의 신원 확인을 위한 방법론을 개발하는 연구과제에도 참여하고 있다. 또한 뼈대 자료의 3차원 영상을 이용한 성별, 나이 추정 방법에 대한 연구 등도 진행하고 있는데, 다양한 분야의 연구자들을 만나는 것은 항시 웃고 떠드는 즐거움으로 가득하다.

제20장 역사는 융합이다

세상 모든 것에는 역사가 있고 이 방대한 역사는 다양한 방식으로 기록된다. 그러니 문자기록을 기준으로 인류의 역사를 선사와 역사로 나누는 것은 이제 무의미해 보인다. 오늘날 역사학은 다양한 분야와 대화를 시도하고 있다. 뼈로 보는 역사도 그중 한 분야로, 뼈에 기록된 역사에는 선사와 역사 그 사이의 장벽은 존재하지 않는다. 다만 이 장벽 없는 역사를 해석하기 위해서는 다양한 분야의 접근과 분석을 통합하는 노력이 필요하다.

뼈는 한 사람의 생애사를 반영하는 물질로, 삶의 유지를 위해 지속했던 활동은 물론 삶을 위협했던 사건들까지 삶과 죽음 사이에 존재했던 많은 일들을 기록하고 있다. 또 뼈에는 생애 초기의 기록은 물론 성인 이후, 사망 무렵의 기록까지 다양하게 축적되어 있고 그 기록이 저장되는 방식 또한 다양하다. 그러니 단일한 접근이나 분석으로는 이 이야기들을 다 꺼내어 보기 어렵다.

조선시대 분묘 유적에서 수습된 뼈건 수만 년 혹은 그 이상 된 뼈 화석이건, 유적에서 출토된 뼈의 주인공이 어떤 삶을 살았는지에 대한 우리의 궁금증은 다르지 않다. 사는 동안 대체로 무탈하게 잘 살았는지, 지금 우리가 사는 모습과는 어떻게 다른지, 그들의 삶을 힘들게 했던 요인은 무엇인지 등등 이런 질문에 답이 될 수 있는 정보가 뼈에는 기록되어 있다.

이 기록을 해석하기 위해 연구자들은 먼저 정상 범주에서 벗어나는 비정상적인 뼈대를 구분한다. 뼈대의 비정상적인 형태나 크기, 뼈 표면이나 조직에서 나타나는 비정상적인 반응은 대개 영양 상태나 질병으로 인한 경험을 반영하기에 그렇다. 연구자들은 뼈대에 나타나는 이러한 반응이 대체로 어떤 요인과 관련되어 있는지를 꼼꼼히 살펴서 원인을 찾고자 하지만 구체적인 원인을 밝히는 과정이 그리 쉽지는 않다. 뼈가 다양한 생물적 스트레스 요인에 어떻게 반응하는지를 파악하고 특정 질병에 대한 반응의 분포 범위와 양상을 이전에 보고된 사례들에서 찾지만, 딱 맞아떨어지지 않는 경우도 종종 있기 때문이다.

옛사람의 뼈대로 질병이나 외상, 기형을 쉽게 진단할 수 있도록 사진을 첨부한 백과사전들도 몇몇 있지만 백과사전이라고 한들 세상의 모든 지식과 현상을 담을 수는 없지 않나. 또 이러한 분석을 특히 더 어렵게 하는 것은 뼈의 보존 상태인데, 특정 질병이나 원인이 의심되더라도 남은 부위가 일부라면 병인과의 관계를 확신하기가 어려워 진단을 주저하게 된다. 그러니 이런 경우는 병리학, 치의학, 정형외과를 비롯한 의학 분야의 연구자들과 머리를 맞대어 고민하기도 하고 해외 고병리학 연구자들과 사진을 주고받으며 의견을 교류하기도 한다.

이 밖에 방사선 영상을 통해 질병의 상태를 추가 확인하고 뼈조직의 표본을 현미경으로 관찰하여 조직의 비정상적인 양상을 관찰할 때도 있다. 이렇게 해서 비정상적인 상태의 원인으로 지목될 수 있는 요인들을 철저하게 조사하여 목록을 만들고 가능성이 적은 원인부터 제외해가는 방식으로 가장 가능성이 높은 요인을 가려내는 이른바 차별적 진단 differential diagnosis을 한다. 이런 방법으로 옛사람들의 퇴행성 관절질환이나 외상, 충치와 같은 비교적 흔한 질병도 파악하고 매독처럼 특정 시기 유병률이 치솟았던 전염병이나 유전적 소인에 의해 나타나는 아주 특이한 질병도 진단한다.

여기에서 건강을 좌지우지했던 생전의 영양 상태에 대한 정보는 뼛속 콜라겐의 탄소와 질소 안정동위원소에 담겨 있다. 동위원소란 같은 원소 중에 중성자 수가 달라 질량이 다른 원소를 말하는데, 이 가운데 방사성을 띠지 않는 동위원소를 안정동위원소라고 한다. 이 안정동위원소는 사람처럼 탄소와 질소를 지닌 생물이 섭취한 음식물의 종류와 비중에 따라 다른 비율로 뼈에 축적된다. 이러한 성질을 이용해 특정 작물과 단백질의 섭취 여부 및 그 비중을 파악할 수 있다.

전에는 유적에서 출토되는 요리 도구와 동식물의 잔존물 혹은 그 흔적을 이용해 옛사람들의 식생활을 간접적으로 추정했으나 안정동위원소 분석이 이루어진 후에는 음식물로 섭취한 자원의 종류와 비중을 직접적으로 복원할 수 있게 되었다. 다만 이 분석을 하려면 뼈조직 일부를 시료로 선택한 다음 전처리 과정을 거쳐 콜라겐을 추출하고 그 속에서 해당 원소를 분석하는 과정을 진행해야 한다.

또 뼈에 안정동위원소의 비율로 기록되는 생전의 식생활 정보는 뼈대

부위에 따른 회전율bone turnover rate의 차이로 인해 부위마다 다른 시기의 식생활을 반영할 수 있다. 뼈 회전은 칼슘 항상성 유지를 위해 일어나는 뼈의 대사 과정으로, 뼈를 구성하는 물질이 일정한 주기로 흡수되고 다시 새 조직으로 교체되는 과정을 말한다.

대표적으로 안정동위원소 분석을 위한 시료로 가장 흔히 사용하는 갈비뼈는 뼈 회전 주기가 짧은 뼈대라, 여기에 기록된 식생활 정보는 사망 전 짧은 기간 동안 축적된 정보라 할 수 있다. 반면 넙다리뼈는 뼈 회전이 매우 천천히 진행되는 뼈대로서, 사망 전 약 10년 동안의 기록을 반영한다고 평가된다. 뼈 회전이 빠른 뼈대로는 갈비뼈 외에 위팔뼈와 손등뼈가 있고, 뼈 회전율이 낮은 뼈대에는 넙다리뼈와 뒤통수뼈가 해당된다. 그러니까 시료만 잘 선택하면 생애 주기에 따른 식생활 변화를 추적할 수 있다.

건강을 유지하기 위한 첫째 조건이 잘 먹는 것이라는 진리는 시대 불변이기에 옛사람들이 섭취한 식단의 종류와 비중을 추적하는 것은 당시의 환경과 먹을거리 자원에 대한 통찰을 가능하게 한다. 또 계층이나 신분, 성별에 따라 차별적인 식생활이 이루어졌는지를 살펴봄으로써 과거 사회 구조의 일면도 파악할 수 있다.

한 예로, 삼국시대 경산 임당 유적의 대형분에서 출토된 사람뼈를 분석한 연구에 따르면 임당 사람들은 쌀과 보리, 콩류는 물론 산과 바다에 사는 동물을 잡아 단백질도 상당히 다양하게 섭취했다. 구체적으로 해당 집단은 꿩, 기러기, 오리 등의 야생 조류를 많이 먹었으며 상어와 방어, 복어, 패류를 포함한 해양동물도 꽤나 먹었다고 한다. 이러한 결과는 당시 내륙에 위치한 경산 지역까지 먹을거리 자원을 조달하는 체계가 있었음을 알 수 있게 해준다.

또 순장자 집단은 곡물과 함께 야생 조류, 육상 초식동물을 많이 먹었던 데에 반해 당시 최상위층으로 추정되는 주피장자 집단은 순장자 집단에 비해 단백질을 더 많이 섭취했고 그 종류도 해양성 어패류를 포함해 더 다양했던 것으로 보인다. 따라서 이러한 결과는 당시 계층 간에 식생활의 차이가 분명히 있었음을 의미한다.

그러나 조선시대 뼈대의 경우 삼국시대와는 양상이 다르다. 조선 중기 이후의 유적에서 출토된 뼈로 안정동위원소 분석을 시행한 결과에 따르면 신분이나 성별이 달라도 안정동위원소 값이 크게 다르지 않았다. 이는 조선시대에 농업생산량이 이전 시대에 비해 증가하고 사회경제적 구조 역시 변화가 이루어지면서 식량자원이 비교적 안정적으로 고르게 분배되었기 때문일 수 있다.

옛사람들의 식단을 반영하는 탄소와 질소 안정동위원소 외에도 뼈에는 거주 환경에 따라 비율을 달리하는 산소와 스트론튬, 황 안정동위원소가 남아 있어 개인의 출신지와 이주 양상을 추적하는 이른바 화학적 지문의 역할을 하기도 한다. 이 같은 분석은 뼈에 남겨진 옛사람의 생업 활동은 물론 이주 범위를 자연과학적으로 분석해 집단의 역사를 새롭게 해석하는 데에 기여하고 있다.

이 밖에 안정동위원소가 남아 있는 뼈대의 겉질뼈cortical bone 속 콜라겐에는 방사성탄소연대측정이 가능한 정보도 존재해 뼈의 연대를 측정할 수 있게 해준다. 물론 유적에서 확인된 유물과 유구를 통해서도 상대적 시간 순서에 기초한 편년이나 대략적인 연대를 제시할 수 있으나, 측정 오차의 범위가 제시되는 구체적인 수치 연대를 갖는 뼈 자료를 활용하면 해석의 깊이가 달라질 수 있다. 예로 오랫동안 무덤의 축조 시점과 주인공에 대한 논란이 있었던 익산 쌍릉의 사례를 들 수 있다. 익산 쌍릉 출토 사람뼈에서 정강뼈를 시료로 방사성탄소연대측정을 시행해서 주인공의 사망과 무덤의 축조 시점을 서기 620, 670년으로 추정한 결과는 쌍릉의 주인공을 무왕으로 규명하는 데에 큰 역할을 했다.

한편 뼈에 기록된 유전체 정보는 유전자의 변이 패턴을 토대로 집단의 장구한 유전적 역사를 복원한다. 즉 현재의 집단은 어느 집단과 어느 집단이 섞여 형성되어 현재에 이르렀는지, 또 어디에서 어디로 사람의 이동이 있었고 그들이 서로 어떻게 교류했는지를 유전적 특성의 변화로 밝혀낼 수 있는 것이다. 이 분석에 따르면 삼국시대 집단의 유전적 다양성이 지금보다는 컸지만 현대 한국인의 유전적 프로필은 지난 1500여 년간 큰 변화 없이 높은 연속성을 유지하며 오늘에 이르렀다.

한편 순장이 행해졌던 삼국시대 유적 내 사람들의 유전체를 분석해 집단 내 가족관계인 사람들을 찾아냈고, 이를 통해 당시 가족순장의 습속이 있었음을 밝혔다. 어느 무덤에서는 주인과 함께 순장된 장년의 남성과 10세 전후의 여아가 부녀관계로 밝혀졌고, 또 어느 무덤에서는 부부와 그들의 딸이 주인과 함께 순장되었으며, 남매가 각각 다른 무덤의 주인과 순장된 사례도 있었다. 또 무덤의 주인들 중 일부 성인 남성들은 부계 친족집단으로 확인되었다. 즉 유전체 분석에 의해 가계로 구분되는 집단이 확인되었으며, 그중 일부는 부모 사이의 혈연관계가 확인되어 근친혼이 이루어졌음을 강하게 시사한다.

게다가 최근 고유전체 연구는 고대 한국인의 얼굴을 복원하는 과정에도 이용되고 있다. 즉 유전자에서 외형을 결정짓는 유전자 부위를 통해

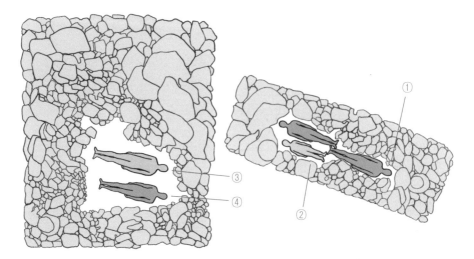

20-1. 경산 임당 삼국시대 고분 유적의 매장주체부 모습. 우측에는 무덤 주인(①)이 묻힌 주곽이, 좌측에는 순장자가 묻힌 부곽이 있다. 무덤 주인은 순장된 어린 여자아이(②)와 함께 묻혔고 부곽에는 성인 남성(③)과 여성(④)이 순장되어 묻혔는데 유전체 분석 결과 부곽의 남녀가 주곽에 묻힌 아이의 부모로 드러났다.

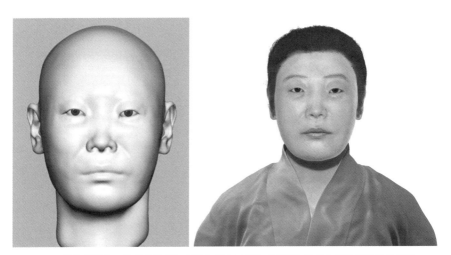

20-2. 임당 유적의 고분에서 출토된 순장자 성인 여성의 머리뼈를 토대로 생전 얼굴이 복원되었다.

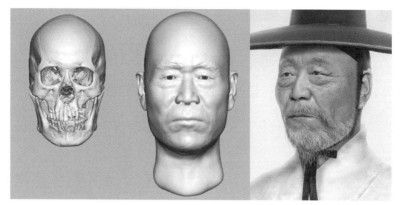

20-3. 조선시대 회묘에서 출토된 남성의 머리뼈를 토대로 생전의 얼굴을 복원한 사례. 복원의 주인공은 17세기 문인이었던 고응척(1531~1605)으로 2019년 구미에서 미라화된 상태로 발굴되어 연구에 이용되었다.

1700년 전 가야인의 얼굴을 예측했고 그 결과를 현대 한국인과 비교하여 수천 년간 한국인의 외형이 크게 바뀌지 않았음을 보여주었다. 외형에 대한 정보는 유전체 속에도 있지만 얼굴머리뼈 그 자체에도 반영되어 있다. 얼굴머리뼈의 특성을 분석해 생전의 얼굴 모습을 재현해내는 방법인 법의인류학적 얼굴복원 기법은 범죄 현장에서 발견된 백골 시신의 신원을 확인하는 과정에서 주로 이용되어왔으나, 최근에는 역사적 인물이나 고대인의 얼굴을 복원하는 데에도 적용된다.

가야 고분인 창녕 송현동에서 발굴된 순장 소녀의 얼굴도 이 방법으로 복원되었고 1500년 전의 나주 영동리 고분에서 출토된 마한 사람의 얼굴, 경주 교동과 왕경 유적에서 출토된 신라시대 사람의 얼굴도 복원된 바 있다. 또 삼국시대 경산 지역의 압독국 최고지배층의 무덤에서 출토된 무덤 주인과 순장자의 얼굴도 복원되었다. 이 과정에서 CT나 3차원 스캔을 비롯한 최첨단 장비와 기술이 동원되고 때로는 컴퓨터 그래픽과 특수 분장기법도 적용되어 생전의 얼굴을 최대한 사실적으로 재현하고자 한다.

이렇게 재현된 얼굴은 단순한 얼굴 그 이상의 의미가 있다. 얼굴머리뼈는 여느 뼈대와는 분명히 차별되는 속성이 있어 이 뼈대를 통해 전달되는 정보와 의미에는 충분히 특별한 데가 있다. 이런 측면에서 고대인의 복원된 얼굴은 고대인의 삶과 해당 시대, 또 그들의 문화를 이해하는 데에 유용한 매개가 된다. 그들의 얼굴은 오늘날의 우리와 연결되며 그렇게 그들과 우리가 크게 다르지 않듯이 그 역사의 어느 자락에 오늘의 내가 있다는 사실을 깨닫게 한다.

뼈의 이야기를 마치면서

뼈의 이야기는 아직 끝나지 않았다. 어쩌면 우리나라에서 이 이야기는 지금부터 제대로 시작될 수 있을지 모른다. 불과 2년 전만 해도 유적에서 출토된 사람뼈는 무연고 시신으로 간주되어 '장사 등에 관한 법률(장사법葬事法)'에 따라 화장 처리되는 것이 부지기수였다. 현대에 가까운 시대일수록 희소성이 없다는 이유로, 역사적 가치가 미미하다는 이유로 분묘 역시 제대로 조사하기는커녕 처리하는 데에 급급했다.

어떤 모습의 잔해든 간에 사람의 흔적이기에 고고 유적에서 출토된 사람뼈는 일반의 문화유산과 같은 범주에는 포함되기 어려워 2022년 드디어 '중요출토자료'로 분류되었고, 발굴 과정에서 출토되면 신고하여 연구하고 보관할 수 있는 제도가 마련되었다. 이미 잃어버린 자료들이 너무 많지만 이제라도 이런 제도가 마련되어 사람뼈 자료가 지속적으로 축적될 수 있는 길이 열렸다.

그리고 지난 1년간 이 제도가 정착되는 데에 문제는 없는지, 어떻게 이 제도를 토대로 연구와 자료 보존이 잘 이루어질 수 있을지 구체적인 세부 기준을 마련하기 위한 논의가 꾸준히 진행되었다. 앞으로 연구와 보존, 관리에 대한 방안이 체계적으로 마련되겠지만 연구보다 모으는 일이 앞서거나 문화재청의 지원 기준과 절차가 연구보다 앞서는, 말하자면 주객이 전도되는 일은 없어야 하겠다.

또 법령이 마련되기 전에 출토되어 보관 중인 자료도 제도 안에서 함께 보존할 수 있는 방안이 모색되어야 한다. 장담컨대 뼈는 들여다볼수록 새로운 이야기가 솟아난다. 그러니 어떤 뼈도 소홀히 다루어서는 안 된다. 더이상 뼈로 뼈저리게 후회하는 일이 없도록 분석과 함께 보관에 대한 절차들이 이번 기회에 잘 마련되기를 바란다. 분명히 말하건대 이제라도 뼈는 존중되어야 한다.

이 분야의 연구는 과거 사람들의 삶과 죽음 사이에 존재했던 다양한 상황과 경험, 때로는 문화와 같은 관행들이 어떻게 한 사람 혹은 집단에 영향을 미치며, 또 관계를 맺고 있는지를 이해할 수 있게 한다. 학문 분야로는 생물고고학 혹은 인골고고학이라고 분류되는 이 학문은 우리나라에서는 무척 생소하지만, 유적과 유물이 아닌 그 모든 문화를 남긴 과거사회의 주인공을 통해 당시 사람들의 삶을 통찰할 수 있게 해준다.

노인 한 사람을 잃는 일이 도서관 하나를 잃는 일에 비유되듯 한 사람의 뼈 역시 그 이상의 정보와 가치를 담고 있다. 특히 오늘 우리와 같이 하루를 숨가쁘게 살아냈던 그저 그런 보통의 사람들이 어떻게 살아왔는지에 대한 기록을 뼈는 담고 있기에 무덤 속에서 새롭게 수습된 뼈의 면면을 보면 항상 새로운 이야기가 차고 넘친다. 또 그 기록을 읽어내는 일은 얼마나 매력적인지 늘 뼈에 설렐 수밖에 없다.

지금 이 순간도 우리 모두는 역사의 어느 한 시간을 살아가고 있다. 뼈의 주인공처럼 내 뼈에도 그들의 뼈에 남은 흔적이 있었을 수 있고 또 있을지 모른다. 과거사회 그들의 뼈를 보고 있노라면 그들이 살았던 시간 속에 내가 있었더라면 어땠을까 하는 생각을 쉽게 해보게 된다. 그렇게 삶은 계속되는 법. 뼈를 보면 삶이 보이고 그 삶이 역사가 되는 순간, 뼈의 이야기는 시작된다. 뼈에 기록된 역사는 삶과 죽음의 경험 안에서 축적된 실증의 역사다. 이 안에서 사람의 역사는 다양한 방식으로 기록된 파편화된 정보들의 융합을 통해 마침내 더 깊은 역사가 된다. 그래서 오늘도 난 뼈에 미쳐 있다.

참고문헌

제1부 '응답하라, 삼국시대!'

제1장 주인을 위해 목숨 바친 소녀

박순영. 2011. 「분묘에서 발굴된 사람뼈로 추정한 조선시대 성인 남성의 키에 대한 연구」. 『해부·생물인류학』. 24권 4호, 대한체질인류학회. 185~193.

정상수, 최봉인. 2015. 「경산 임당지역과 김해 예안리 고분 출토 인골의 평균수명」. 『야외고고학』. 제22호, 한국문화유산협회. 27~52.

정인태 외. 2012. 『창녕 송현동 고분군 Ⅱ 15~17호분 발굴조사보고』. 국립가야문화재연구소.

제2장 머리뼈를 성형한 사람들

O'Brien T.G., Stanley A.M. 2013. "Boards and Cords: Discriminating types of artificial cranial deformation in prehistoric South Central Andean population". *International Journal of Osteoarchaeology* 23: 459~470.

Jung H., Woo E.J. 2017. "Artificial deformation versus normal variation: re-examination of artificially deformed crania in ancient Korean populations". *Anthropological Science* 125(1): 3~7.

제3장 우물 속에 빠진 아이

김경열 외. 2019. 『慶州 東宮과 月池: 발굴조사보고서 3』. 국립경주문화재연구소.

김재현. 2002. 「연결통로부지내 우물 출토 인골에 대한 소견」. 『국립경주박물관부지내 발굴조사보고서』. 국립경주박물관. 471~477.

윤순옥, 황상일. 2009. 「삼국사기를 통해 본 한국 고대의 자연재해와 가뭄주기」. 『대한
지리학회지』. 제44권 4호, 대한지리학회. 497~509.

최현구, 신지영. 2019. 「경주 동궁과 월지 3호 우물 출토 옛사람 뼈의 동위원소에 기록
된 고려시대 식생활 양상」. 『분석과학』. 제32권 6호, 한국분석과학회. 262~270.

황보경. 2015. 「한강 유역 고대 우물에 대한 시론적 연구-서울·경지지역을 중심으로」.
『신라사학보』. 제33호, 신라사학회. 125~178.

'이기환의 흔적의 역사-경주 월성벽 바닥에서 발견된 최소 27구 인골의 정체는?'. 『경
향신문』. 2022년 4월 19일. https://m.khan.co.kr/culture/culture-general/
article/202204190500001

제4장 항아리무덤 속 가족

국립나주문화재연구소. 2009. 『한국의 고대 옹관』. 학연문화사.

김은경. 2019. 「영남지역 옹관묘 장송의례 연구」. 제43회 한국고고학전국대회 발표문.
178~189.

Lee D-N, Jeon C.L., Kang J., Burri M., Krause J., Woo E.J., Jeong C. 2022.
"Genomic detection of a secondary family burial in a single jar coffin in
early medieval Korea". *American Journal of Biological Anthropology* 179(4):
585~597.

제5장 치아에 기록된 역사

우은진, 정현우. 2016. 「삼국시대 경산 임당유적 출토 사람뼈 집단의 치아 병리 양상」.
『해부·생물인류학』. 제29권 1호, 대한체질인류학회. 9~17.

Han S.S., Baek K-W, Shin M.H., Kim J., Oh C.S., Lee S.J., Shin D.H. 2010.
"Dental caries prevalence of medieval Korean people". *Archives of Oral
Biology* 55(7): 535~540.

제2부 내 발밑의 공동묘지

제6장 학교 아래에는 정말 공동묘지가 있었다

다카무라 료헤이. 2000. 「공동묘지를 통해서 본 식민지 시대 서울: 1910년대를 중심으로」. 『서울학연구』. 제15호. 서울시립대학교 서울학연구소. 131~165.

송현동. 2005. 「한국 사회의 죽음에 대한 태도: 죽음의 경관을 중심으로」. 『비교문화연구』. 제11집 2호. 서울대학교 비교문화연구소. 207~243.

Kim Y-S, Oh C.S., Lee S.J., Park J.B., Kim M.J., Shin D.H. 2011. "Sex determination of Joseon people skeletons based on anatomical, cultural and molecular biological clues". *Annals of Anatomy* 193(6): 539~543. doi: 10.1016/j.aanat.2011.07.002

Woo E.J., Pak S. 2013. "Degenerative joint diseases and enthesopathies in a Joseon dynasty population from Korea". *HOMO-Journal of Comparative Human Biology* 64: 104~119.

"괴담의 계절, '초등학교, 공동묘지의 전설' 근거 있다", 『노컷뉴스』. 2013년 6월 28일. https://www.nocutnews.co.kr/news/1059555

제7장 사대부의 무덤과 평민의 무덤

김현우. 2016. 「조선시대 회곽묘의 계층성과 확산-서울·경기지역 대규모 분묘군을 중심으로」. 『한국상고사학보』. 제91권 91호. 한국상고사학회. 75~120.

박순영. 2011. 「분묘에서 발굴된 사람뼈로 추정한 조선시대 성인 남성의 키에 대한 연구」. 『해부·생물인류학』. 24권 4호. 대한체질인류학회. 185~193.

박순영, 우은진, 정양승, 조길환. 2011. 「조선 중·후기 사람들의 연령별, 분묘형식별 치아 선형 에나멜형성부전증 발생 양상」. 『해부·생물인류학』. 24권 3호. 대한체질인류학회. 123~134.

신지영, 최현구, 이준정. 2015. 「식생활 복원을 통해 본 조선시대 중·후기 사회경제사의 일면-호남지역 유적 출토 인골에 대한 안정동위원소 분석 결과를 중심으로」. 『한국고고학보』. 제97호. 한국고고학회. 208~231.

우은진, 정양승, 조길환, 박순영. 2011. 「서울 은평분묘군 출토 조선시대의 인골에 나타난 사지골의 퇴행성 변화와 분묘 형식의 관계에 대한 연구」. 『야외고고학』. 제12호. 한국문화유산협회. 139~162.

조길환. 2009. 「조선의 상장과 회격」, 『중앙고고연구』. 제5호. 중앙문화재연구원. 25~49.

최광훈, 황윤희. 2019. 「영성위 신광수·화협옹주묘를 중심으로 살펴본 18세기 사대부 묘제」. 『고궁문화』. 제12호. 국립고궁박물관. 75~98.

한강문화재연구원. 2010. 「서울 진관동 유적 Ⅲ」, 『유적조사보고』. 제8권.

홍지윤. 2012. 「조선시대 분묘에 남겨진 상장절차-은평뉴타운 발굴자료를 중심으로」. 『중앙고고연구』. 제10호. 중앙문화재연구원. 225~247.

제8장 사라진 아이들

강창화 외. 2015. 『제주 금성리 분묘 Ⅱ』. 제주고고학연구소.

고창석 외. 2013. 『제주 금성리 분묘: 제주 금성이 436번지 하수관거 정비사업부지내 유적 발굴조사 보고서』. 제주고고학연구소.

김유진, 손명철. 2007. 『제주의 민속문화 2, 제주의 무덤』. 국립민속박물관.

문화체육관광부·국립중앙박물관·김해박물관. 『김해 유하패총 발굴조사보고서』. 2017.

우은진, 전채린. 2019. 「조선시대 분묘유적에서 확인된 태아 뼈 사례」. 『해부·생물인류학』. 32권 2호. 대한체질인류학회. 69~75.

차명수. 2009. 「조선후기의 출산력, 사망력 및 인구증가: 네 족보에 나타난 1700-1899년간 생몰 기록을 이용한 연구」. 『한국인구학』. 32권 1호. 한국인구학회. 113~137.

Murphy E., Le Roy M. 2017. *Children, Death and Burial: Archaeological Discoursesm*. Oxbow Books.

'조선시대 사람들은 얼마나 오래 살았을까?'. 『연합뉴스』. 2013년 12월 26일. https://www.yna.co.kr/view/AKR20131225071500017

우리역사넷 홈페이지: 혼례와 혼서. 국사편찬위원회. http://contents.history.go.kr/front

한국민속대백과사전: 애장. https://folkency.nfm.go.kr/kr/topic/detail/302

KOSIS(국가통계포털): 영아사망률. https://kosis.kr/statHtml/statHtml.do?orgId=101&tblId=DT_2KAA208

제9장 뼈로 복원하는 집단의 평균 키

박순영. 2011. 「분묘에서 발굴된 사람뼈로 추정한 조선시대 성인 남성의 키에 대한 연구」. 『해부·생물인류학』. 대한체질인류학회지. 24권 4호. 185~193.

우은진, 정양승. 2019. 「고고유적에서 출토된 사람뼈의 키 추정 방법과 결과 해석」. 『야외고고학』. 제35호. 한국문화유산협회. 129~154.

정양승. 2020. 제3장 「사람뼈대를 통한 키 추정」. 『뼈로 읽는 과거 사회』. 서울대학교출판문화원.

Fujii A. 1960, "On the relation of long bone lengths of limb to stature". *Bull School Phys Educ Juntendo Univ* 3: 49~61(in Japanese).

Shin D.H., Oh C.S., Kim Y-S & Hwang Y-I. 2012. "Ancient-to-Modern secular changes in Korean stature". *American Journal of Physical Anthropology* 147: 433~442.

Steckel R.H., Prince J.M. 2001. "Tallest in the world: Native Americans of the Great Plains in the nineteenth century". *American Economic Review* 91: 287~294.

Trotter M., Gleser G.C. 1958. "A re-evaluation of estimation of stature based on measurements of stature taken during life and of long bones after death". *American Journal of Physical Anthropology* 16: 79~123.

제10장 뼈에 새겨진 자서전

김우림. 2016. 『조선시대 사대부 무덤 이야기』. 민속원.

김우림. 2007. 「서울·경지지역의 조선시대 사대부 묘제 연구」. 고려대학교 대학원 문화재학협동과정 박사학위논문.

박현순. '[조선의 과거제도 속으로] 생원·진사만 문과를 볼 수 있는가?'. 한국역사연구회. 2014년 1월 4일. http://www.koreanhistory.org/3638

어원선. 2013. 「조선시대 사내부 회격묘 연구」. 한신대학교 대학원 석사학위논문.

이규상. 1997. 『18세기 조선 인물지』. 창작과비평사.

이미선. 2021. 「조선시대 왕실여성의 사인유형과 임종장소 변화-후궁을 중심으로」. 『한국사연구』. 한국사연구회. 195호. 127~178.

최광훈, 황윤희. 2019. 「영성위 신광수·화협옹주를 중심으로 살펴본 18세기 사대부 묘제」. 『고궁문화』. 12호. 국립고궁박물관. 73~98.

Évinger S., Hajdu T., Brió G. & Zádori P. 2016. "A case of unilateral coronal synostosis from Medieval Hungary(9th century A.D.)". *Anthropologischer Anzeiger* 73(1): 81~88.

Wenk A., Siegmund F., Eyrames G.D., Roth V., Studer C. & Papageorgopou-lou C. 2010. "High incidence of craniosynostosis in a large ossuary collection from Switzerland(17th-19th AD)". Program of the 79th Annual Meeting of the Amercan Association of Physical Anthropologists.

Yi B., Zhang J., Cai B., Zhang Z. & Hu Y. 2019. "Osteobiography of a seventhcentury potter at the Oupan kiln, China by osteological and multi-isotope approach". *Scientific Reports* 9. 12475.

김인구. 2021. 〈Road 길, 과거와 현재와 미래에 대한 이야기〉 전시.

스미소니언 자연사박물관 홈페이지. "Smithsonian and preservation Virginia reveal startling survival story at Historic Jamestown". May 1, 2013. News Release. https://www.si.edu/newsdesk/releases/smithsonian-and-preservation-virginia-revealstartling-survival-story-historic-jamestown

제3부 뼈에 사무친 아픔의 흔적

제11장 보릿고개의 흔적

박순영, 우은진, 정양승, 조길환. 2011. 「조선 중·후기 사람들의 연령별, 분묘형식별 치아 선형 에나멜형성부전증 발생 양상」. 『해부·생물인류학』. 24권 3호. 대한체질인류학회. 123~134.

우은진. 2020. 「제6장 질병의 흔적과 과거의 생활 수준」. 『뼈로 읽는 과거 사회』. 서울대학교출판문화원.

이현숙. 2021. 「한국고대 질병연구의 궤적과 과제」. 『한국고대사연구』. 102호. 한국고대사학회. 5~32.

Boldsen J.L. 2007. "Early childhood stress and adult age mortality-a study of dental enamel hypoplasia in the medieval Danish village of Tirup". *American Journal of Physical Anthropology* 132: 59~66.

Goodman A.H., Armelagos G.J. 1985. "Factors affecting the distribution ofenamel hypoplasias within the human permanent dentition". *American Journal of Physical Anthropology* 68: 479~493.

Reid D.J., Dean M.C. 2000. "Brief communication: the timing of linear hypoplasias on human anterior teeth". *American Journal of Physical Anthropology* 113: 135~139.

Yaussy S.L., DeWitte S.N. 2018. "Patterns of frailty in non-adults from medieval London". *International Journal of Paleopathology* 22: 1~7.

Zhou L.M., Corruccini R.S. 1998. "Enamel hypoplasias related to famine stress in living Chinese". *American Journal of Human Biology* 10: 723~733.

'[경제학자가 본 한국사](13) 조선시대의 인구-장기변동'. 『생글생글』. 2014년 5월 16일 (428호). https://sgsg.hankyung.com/article/2014051670741

"조선시대에도 '보릿고개'라는 말 있었다". 『우리문화신문』. 2013년 5월 7일. https://www.koya-culture.com/news/article.html?no=90960

제12장 조선시대의 교통사고

국립부여문화재연구소. 2019. 『익산 쌍릉: 대왕릉 출토 인골 종합학술연구보고서』.

Bixby-Hammett D., Brooks W.H. 1990. "Common injuries in horseback riding. A review". *Sports Medicine* 9(1): 36~47.

Dittmar J.M., Berger E., Zhan X. et al. 2019. "Skeletal evidence for violent trauma from the bronze age Qijia culture(2,300-1,500BCE), Gansu Province, China". *International Journal of Paleopathology* 27: 66~79.

Ki H.C., Shin E-K, Woo E.J. et al. 2018. "Horse-riding accidents and injuries in historical records of Joseon dynasty, Korea". *International Journal of Paleopathology* 20: 20~25.

Kim D.K., Kim M.J., Kim Y-S et al. 2013. "Long bone fractures identified in the Joseon dynasty human skeletons of Korea". *Anatomy and Cell Biology* 46(3): 203~209.

Kranioti E.F., Grigorescu D., Harvati K. 2019. "State of the art forensic techniques reveal evidence of interpersonal violence ca.30,000 years ago". *PLoS ONE*. https://doi.org/10.1371/journal.pone.0216718

Lovejoy C.O., Heiple K.G. 1981. "The analysis of fractures in skeletal populations with an example from the Libben site, Ottowa county, Ohio".

American Journal of Physical Anthropology 55: 529~541.

Peck J.J. 2013. "Status, health, and lifestyle in Middle Iron Age Britain: A bioarchaeological study of elites and non-elites from East Yorkshire, Northern England". *International Journal of Paleopathology* 3(2): 83~94.

"조충 맞은 5살 아이 유골 등 와르르… 성벽 돌마다 '아픈 역사'". 『한겨레신문』. 2015년 9월 24일. https://www.hani.co.kr/arti/area/area_general/710247.html

제13장 비타민 C가 부족해 죽어간 사람들

우은진. 2020. 「제6장 질병의 흔적과 과거의 생활수준」. 『뼈로 읽는 과거 사회』. 서울대학교출판문화원.

우은진, 정현우, 전채린. 2017. 「한국 고대사회 사람뼈 집단의 괴혈병 유병양상」. 『해부·생물인류학』. 제30권 4호. 대한체질인류학회. 135~143.

존 캐리. 2021. 『역사의 원전』. 바다출판사.

Angel J.L., Kelly J.O., Parrington M., Pinter S. 1987. "Life stresses of the Free Black Community as represented by the first African Baptist Church, Philadelphia, 1823-1841". *American Journal of Physical Anthropology* 74: 213~229.

Geber J., Murphy E. 2012. "Scurvy in the Great Irish Famine: Evidence of vitamin C deficiency from a mid-19th centruy skeletal population". *American Journal of Physical Anthropology* 148: 512~524.

Littleton J. 1998. "A Middle Eastern paradox: Rickets in skeletons from Bahrain". *Journal of Paleopathology* 10(1): 13~30.

Newton G. 2021. "Diagnosing rickets in early modern England: Statistical evidence and social response". *Social History of Medicine* 35(2): 566~588.

Snoddy A.M.E., Halcrow S.E., Buckley H.R., Standen V.G. & Arriaza B.T. 2017. "Scurvy at the agricultural transition in the Atacama desert(ca 3600-3200 BP): Nutritional stress at the maternal-foetal interface?". *International Journal of Paleopathology* 18: 108~120.

'비타민, 왜 뒤에 알파벳 붙일까?'. 『이웃집과학자』. 2019년 11월 8일. http://www.astronomer.rocks/news/articleView.html?idxno=88285

'[역사 속 경제사] 산업혁명기 英아동 노동 착취 심각… 공장법으로 보호'. 『매일경제』. 2022년 6월 24일. https://www.mk.co.kr/news/economy/view/2022/06/552588/

'[잠깐과학] 괴혈병 막는 비타민 C 발견'. 『동아사이언스』. 2021년 4월 3일. https://
www.dongascience.com/news.php?idx=45315

제14장 지하철역에서 쏟아진 사람뼈

부산교통공단, 경남문화재연구원. 2010. 『부산지하철 3호선(수안정거장) 건설부지내 東
萊邑城 垓字Ⅱ』. 부록: 동래읍성 해자 출토 인골에 대한 연구.
Nakayama N. 2019. "Diachronic changes in linear enamel hypoplasia during
the Edo period(1603-1867), Japan". *Anthropological Science* 127(1): 27~38.
Sakaue K. 2014. "Human-induced traumas in the skulls of the Edo people".
Bulletin of the National Museum of Nature and Science. Series D 40:
13~24.
'고고학자 조유전과 떠나는 한국사 여행(22) 동래읍성 上'. 『경향신문』. 2008년 11월 21
일. https://www.khan.co.kr/article/200811211728525
'부산 지하철 수안역엔 〈명량〉 혼이 살아 있다'. 『시빅뉴스』. 2014년 8월 25일. http://
www.civicnews.com/news/articleView.html?idxno=1496

제15장 구한말의 에이즈, 매독과 공창

박한선, 구형찬. 2021. 『감염병 인류』. 창비.
송영구. 2005. 「전염병의 역사는 '진행 중'」. 『대한내과학회지』. 제68권 2호. 대한내과학
회. 127~129.
신동훈, 신은경. 2019. 「생물인류학 연구와 관련지어 본 조선시대 나병 환자의 삶과 죽
음」. 『해부·생물인류학』. 제32권 2호. 대한체질인류학회. 53~59.
안영희. 2021. 「일본 제국주의와 식민지 언론, 그리고 '깨끗하고 건강한 몸'-『매일신
보』·『동아일보』·『조선일보』의 매독담론-」. 『한민족어문학』. 제94집. 401~428.
https://doi.org/10.31821/HEM.94.13
우은진, 김재현, 전새린, 박순영. 2018. 「전염성 질병에 대한 고병리학적 접근: 분석기
법과 최근 연구의 경향 검토」. 『해부·생물인류학』. 제31권 1호. 대한체질인류학회.
27~34.
이성재. 2022. 「16-18세기 프랑스 사회의 매독에 대한 인식과 대응」. 『서양사론』. 제
152호. 한국서양사학회. 77~106.
편용우. 2018. 「에도 유곽에 핀 붉은 꽃, 매독」. 『방재저널』. 제20권 1호. 한국방재협회.

35~36.

Buzic I., Giuffra V. 2020. "The paleopathological evidence on the origins of human tuberculosis: a review". *Journal of Preventive Medicine and Hygiene* 61: E3-E8.

Shin D.H., Lee H.J., Hong J.H. et al. 2018. "A historical approach to syphilis infection in Korea". *Acta Med Hist Adriat* 16(2): 185~202.

Suzuki T. 1984. *Palaeopathological and palaeoepidemiological study of osseous syphilis in skulls of the Edo period*. University of Tokyo Press. Tokyo.

Suzuki T., Fujita H., Choi J.G. 2008. "New evidence of tuberculosis from prehistoric Korea-population movement and early evidence of tuberculosis in far East Asia". *American Journal of Physical Anthropology* 136(3): 357~360.

Woo E.J., Kim J-H, Lee W-J, Cho H. & Pak S. 2019. "Syphilitic infection in a premodern population from South Korea(19th century AD)". *Anthropological Science* 127(1): 55~63.

"'사라진 질병'이 돌아왔다, 매독의 사회학". 『아시아경제』. 2018년 10월 23일. https://www.asiae.co.kr/article/2018102222143781123

'日 공격한 흑사병, 한국은 비켜간 이유는?'. 『프레시안』. 2011년 6월 13일. https://www.pressian.com/pages/articles/66426

제4부 진화하는 뼈, 진화하는 연구

제16장 신석기 사람들의 사각턱

민유선. 2012. 「시대에 따른 한국인 머리뼈 형태의 변화에 관한 연구」. 서울대학교 대학원 의학과 석사학위논문.

신지영, 강다영, 김상형, 정의도. 2013. 「부산 가덕도 장항 유적 출토 인골의 안정동위원소분석을 통해 본 신석기시대의 식생활 양상」. 『분석과학』. 제26권 6호. 한국분석과학회. 387~394.

텍사스 문화유산 가상박물관 홈페이지. "Geometric Morphometrics and Clovis

Points: Searching for Behavioral Patterns". Texas Beyond History. https://www.texasbeyondhistory.net/spotlights/geomet-morphomet/geomet-morphomet.html

Gelabert P., Blazyte A., Chang Y. et al. 2022. "Northeastern Asian and Jomon-related genetic structure in the Three Kingdoms period of Gimhae, Korea", *Current Biology* 32: 1~13.

Jung H., Woo E.J. 2019. "Changes in mandibular ramus shape from the Neolithis to modern periods in Korea". *International Journal of Osteoarchaeology* 29(4): 634~643.

Woo E.J., Jung H., Tansatit T. 2018. "Cranial index in a modern people of Thai ancestry". *Anatomy & Cell Biology* 51: 25~30.

제17장 화장된 뼈에서 밝혀낸 것들

김재현. 2003. 「인골의 분석과 고고학에서의 응용」. 『기사고고-연구노트』. 기전문화재연구원. 249~260.

박진훈. 2016. 「고려시대 관인층의 화장-묘지명 자료를 중심으로」. 『역사학보』. 제229집. 역사학회. 1~36.

우은진, 정현우, 오준혁. 2017. 「청주 오송지구 고려시대 화장묘 유적에서 나온 사람뼈에 대한 연구」. 『야외고고학』. 제29호. 한국문화유산협회. 71~96.

차순철. 2008. 「통일신라시대의 화장과 불교와의 상호관련성에 대한 고찰-조사(造寺)·조탑(造塔)신앙과의 관련성을 중심으로」. 『문화재』. 제41권 1호. 국립문화재연구원. 57~78.

Harbeck M., Schleuder R., Schneider J. et al. 2010. "Research potential and limitations of trace analyses of cremated remains". *Forensic Science International* 204: 1~3.

Iim D.S., Woo E.J., Bae J-H et al. 2015. "Anthropological study on the cremated bones of the late Silla Kingdom period in Korean history". *Anthropologist* 19(1): 131~138.

Oh Y.N., Park J-H. 2022. "Analysis of an ancestry using cremated old human remains from the Korean War victims". *Forensic Science International: Generics Supplement Series* 8: 140~142.

Snoeck C., Pouncett J., Claeys P. et al. 2018. "Strontium isotope analysis on

cremated human remains from Stonehenge support links with west Wales".
Scientific Reports. 10790.

'석촌동 고분군서 화장인골 4.3kg 수습… 백제왕실 화장 첫 확인'. 『동아일보』. 2019년 10월 24일. https://www.donga.com/news/Culture/article/all/20191024/98042580/1

우리역사넷 홈페이지: 한국문화사 5권 상장례, 삶과 죽음의 방정식. 국사편찬위원회. http://contents.history.go.kr/mobile/km/view.do?levelId=km_005_0040_0040

제18장 해부가 끝나고 난 뒤

김지은. 2020. 「제1장 고고유적 출토 사람뼈의 성과 연령 추정」. 『뼈로 읽는 과거 사회—옛사람 뼈를 이용한 과거 생활상 복원 방법』. 서울대학교출판문화원.

수 블랙 저. 조진경 역. 2022. 『나는 매일 죽은 자의 이름을 묻는다』. 세종서적.

이성준, 조지현, 이우영, 김이석, 김동호, 이상준. 2018. 「익산 쌍릉과 출토 인골의 성격에 대한 연구」. 『한국고고학보』. 제109집. 한국고고학회. 292~325.

정양승. 2020. 「제3장 사람뼈대를 통한 키 추정」. 『뼈로 읽는 과거 사회—옛사람 뼈를 이용한 과거 생활상 복원 방법』. 서울대학교출판문화원.

Brooks S., Suchey J.M. 1990. "Skeletal age determination based on the os pubis: a comparison of the Acsádi-Nemeskéri and Suchey-Brooks methods". *Human Evolution* 5: 227~238.

Lovejoy C.O., Meindl R.S., Pryzbeck T.R. & Mensforth R.P. 1985. "Chronological metamorphosis of the auricular surface of the illium: a new method for the determination of adult skeletal age at death". *American Journal of Physical Anthropology* 68: 15~28.

제19장 부검 시신을 이용한 연구

우은진, 정양승. 2021. 「한국인의 컴퓨터 단층촬영 영상을 이용한 법의인류학적 연구의 현황과 과제」. 『해부·생물인류학』. 제34권 3호. 대한체질인류학회. 67~75.

"'부검하는 의사' 법의관도 인력부족… '번 아웃'으로 스러져간다". 『청년의사』. 2021년 7월 21일. http://www.docdocdoc.co.kr/news/articleView.html?idxno=2012727

제20장 역사는 융합이다

이돈녕. 2022. 「삼국시대 한국인의 유전적 프로필과 혈연관계 분석」. 서울대학교 대학원 석사학위논문.

최경철, 김대욱, 정상수. 2022. 「조영동고분군 출토 인골과 동물 뼈의 분석을 통한 고대 경산지역의 계층별 식단 복원」. 『한국고고학보』. 제2022권 4호. 한국고고학회. 859~886.

Fahy G.E., Deter C., Pitfield R., Miszkiewicz J.J. & Mahoney P. 2017. "Bone deep: variation in stable isotope ratios and histomorphometric measurements of bone remodelling within adult humans". *Journal of Archaeological Science* 87: 10~16.

Gelabert P., Blazyte A., Chang Y. et al. 2022. "Northeastern Asian and Jomon-related genetic structure in the Three Kingdoms period of Gimhae, Korea". *Current Biology* 32(15): 3234~3244.

Ryu J.Y., Yoon A.Y., Park Y.K. et al. 2022. "A portrait drawing of the 17th century Korean scholar based on craniofacial reconstruction". *Anatomy & Cell Biology* 55(4): 512~519.

도판 출처

제1부 '응답하라, 삼국시대!'

19쪽 1-1. ©MEDART

21쪽 1-2. ©MEDART

27쪽 2-1. ©MEDART

29쪽 2-2. ©MEDART

30쪽 2-3. O'Brien, Stanley, 2013, IJO 논문 참조. ©MEDART

36쪽 3-1. ©MEDART

40쪽 3-2. 국립경주문화재연구소. https://commons.wikimedia.org/wiki/File:월
성_주변_유적_조사_현황.jpg

55쪽 5-2. ©MEDART

60쪽 5-5. ©MEDART

제2부 내 발밑의 공동묘지

67쪽 6-1. 중앙문화재연구원 제공.

67쪽 6-2. 중앙문화재연구원 제공.

69쪽 6-3. 중앙문화재연구원 제공.

71쪽 6-4. 서울역사박물관 제공. 아카이브 상세 | 서울 지도 | 서울역사아카이브
(seoul·go·kr)

89쪽 8-1. 우은진, 전채린, 2019 논문.

91쪽 8-2. 『김해 유하패총 발굴조사보고서』, 2017 참조. ©MEDART

105쪽 10-1. 고려문화재연구원 제공.

108쪽 표 2. 한국학중앙연구원 한국학자료센터, 한국고전종합DB에서 제공하는 정보를 참조.

제3부 뼈에 사무친 아픔의 흔적

123쪽 11-2. ⓒMEDART

131쪽 12-1. ⓒMEDART

132쪽 12-2. ⓒMEDART

132쪽 12-3. (CC BY 4.0) https://en.wikipedia.org/wiki/Exhumation_and_reburial_of_Richard_III_of_England

134쪽 12-4. ⓒMEDART

138쪽 표 3. Shin 외, 2013 논문, 표 1의 내용.

143쪽 13-1. ⓒMEDART

147쪽 13-3. https://commons.wikimedia.org/wiki/File:The_Famine_Memorial_in_Dublin_(42465629460).jpg

151쪽 14-1. https://ko.wikipedia.org/wiki/동래부_순절도

155쪽 14-2. ⓒMEDART

155쪽 14-3. ⓒMEDART

161쪽 15-1. Suzuki 등, 2008 논문 참조. ⓒMEDART

165쪽 15-2. ⓒMEDART

168쪽 15-3. Woo 등, 2019 논문.

제4부 진화하는 뼈, 진화하는 연구

174쪽 16-1. ⓒMEDART

177쪽 16-3. ⓒMEDART

179쪽 16-4. 정현우 외, 2015 논문에서 가져온 그림 편집. ⓒMEDART

181쪽 16-5. 인골로 본 신석기시대 사회 | 큐레이터 추천 소장품: 국립중앙박물관 (museum·go·kr)

189쪽 17-1. 우은진 등, 2017. 『야외고고학』.

191쪽 17-2. 우은진 등, 2017. 『야외고고학』.
191쪽 17-3. 한성백제박물관 제공.
195쪽 18-1. 『해랑 선생의 일기』, 아주대 정민석 교수의 그림 참조. ⓒMEDART
216쪽 20-1. ⓒMEDART
216쪽 20-2. 영남대학교박물관 제공.
217쪽 20-3. 서울대학교 의과대학 신동훈 교수 제공.

닥터 본즈 우은진의
뼈때리는 한국사

2023년 11월 10일 초판 1쇄 찍음
2023년 11월 24일 초판 1쇄 펴냄

지은이 우은진

펴낸이 정종주
편집주간 박윤선
편집부 문혜림
마케팅 김창덕

펴낸곳 도서출판 뿌리와이파리
등록번호 제10-2201호 (2001년 8월 21일)
주소 서울시 마포구 월드컵로 128-4 (월드빌딩 2층)
전화 02)324-2142~3
전송 02)324-2150
전자우편 puripari@hanmail.net

디자인 가필드
종이 화인페이퍼
인쇄 및 제본 영신사
라미네이팅 금성산업

값 18,000원
ISBN 978-89-6462-194-3 (03910)

알라딘 북펀딩 후원자 명단

presean, xanhahnax, 강민채, 강병수, 강성훈, 강지연, 곽태진, 구형찬, 권주완, 김기훈, 김선형, 김선화, 김성숙, 김여진, 김은정, 김정숙, 김지연, 김지웅, 김지현, 김지호, 김태윤, 김현규, 김희경, 김희진, 남진주, 낮별, 동하 마미, 문재경, 문형준, 민동섭, 박관동, 박성현, 박성혜, 박성희, 박순이, 박영수, 朴益見, 박한선, 백은숙, 서미경, 서민우, 서정욱, 성동준, 성슬기, 손효진, 송이, 안성호, 양우진, 예은경, 예지영, 오경화, 오창석, 오홍록, 우정민, 원은지, 유강은, 유병희, 유승환, 유준안, 윤관현, 윤선인, 윤영윤, 윤진희, 이강민, 이곤수, 이다용, 이다은, 이대한, 이대한, 이동윤, 이보영, 이선희, 이소영, 이숙현, 이승기, 이재홍, 이정미, 이주효, 이철희, 이현정, 이희연, 익이민현석, 임금성, 임석용, 임성민, 임채원, 임태현, 장덕원, 장유리, 장진영, 장효봉, 정경숙, 정나로, 정성아, 정양승, 정재민, 정지승, 정진명, 정혜진, 정훈, 제갈현숙, 조성희, 조윤숙, 조하준, 주용성, 지니엠플라워부티끄, 차선아, 최문성, 최승현, 최영태, 최인건, 큰사랑요양병원신상우, 해부학뼈쟁이박현진, 허미선, 허지현, 호덕, 황인원